“十四五”职业教育国家规划教材

基础会计模拟实训

（第四版修订）

主　编／李　新

立信会计出版社
LIXIN ACCOUNTING PUBLISHING HOUSE

图书在版编目(CIP)数据

基础会计模拟实训 / 李新主编. —4 版. —上海：立信会计出版社，2019.8(2023.8 重印)

ISBN 978-7-5429-6261-4

Ⅰ. ①基… Ⅱ. ①李… Ⅲ. ①会计学 Ⅳ. ①F230

中国版本图书馆 CIP 数据核字(2019)第 163640 号

策划编辑　赵新民
责任编辑　余　榕

基础会计模拟实训(第四版修订)
JICHU KUAIJI MONI SHIXUN

出版发行	立信会计出版社		
地　　址	上海市中山西路 2230 号	邮政编码	200235
电　　话	(021)64411389	传　　真	(021)64411325
网　　址	www.lixinaph.com	电子邮箱	lixinaph2019@126.com
网上书店	http://lixin.jd.com	http://lxkjcbs.tmall.com	
经　　销	各地新华书店		

印　　刷	上海盛通时代印刷有限公司	
开　　本	787 毫米×1092 毫米	1/16
印　　张	11.5	
字　　数	170 千字	
版　　次	2019 年 8 月第 4 版	
印　　次	2023 年 8 月第 7 次	
书　　号	ISBN 978-7-5429-6261-4/F	
定　　价	39.00 元	

如有印订差错，请与本社联系调换

第四版修订前言

《基础会计模拟实训》出版13年以来，被国内中等职业学校广泛使用，在此我们对关心和使用本书的教师和读者表示衷心的感谢！

本书出版以后，我们广泛吸取了用书院校师生和其他读者在使用过程中所提出的宝贵意见和建议，本次修订在第四版的基础上做了修改、补充和完善，以期能为各中等职业学校的师生和其他读者提供一本适应经济新业态、技术新变化、教学新模式、学习新方式的全新实训用书。

本书入选"十三五"职业教育国家规划教材和"十四五"职业教育国家规划教材，荣获河南省首届教材建设奖一等奖。

为深入贯彻落实党的二十大精神和新修订的《中华人民共和国职业教育法》，本次修订与第四版相比，主要做了如下变动：

(1) 以习近平新时代中国特色社会主义思想为指导，落实立德树人根本任务，紧扣教学标准和课程标准，推进"党的领导"相关内容进课程教材建设，在人才培养中认真贯彻和充分体现社会主义核心价值观、遵纪守法、职业道德、准则意识和工匠精神，发挥课程思政的育人功能。

(2) 对实训案例和数据进行了更新，根据最新的企业会计准则体系和相关财税政策进行了规范，并进一步吸收行业企业专家深度参与，采用教育专家与企业专家相结合的方式对教材进行校企合作"双元"开发，提升教材质量。

(3) 进一步突出理实一体教学，在学生学习理论知识和技能的基础上，实施模块化教学，完成项目化实训，增强学生实践操作能力，体现职业教育实践教学特色。

(4) 配备可听、可视的教学微视频、实操视频、教学动画和拓展阅读等数字化学习资源，读者用手机扫描书中的二维码进行查看，随时随地获取学习内容，享受立体化学习体验。

(5) 提供配套的课程标准、演示文稿、实训操作参考答案、试题与答案等可互动、结构开放、内容可选择的教学资源供师生在线使用，请登录赛名师智慧课堂网站(http://www.hnjgxy.com.cn:8877/)获取。

书中和配套资源中出现的人名、单位名称和各种印鉴、票据等资料，都是编者根据教学与实践相结合的需要，依据会计业务基本内容而精心设计的仿真资料，与任何人和单位无关。

本书编写分工如下：李新担任主编，负责模块一项目一、项目二的编写工作；李文会担任副主编，负责模块一项目三、项目四的编写工作；仝惠林负责模块二“单据”的编写工作；李华负责模块二“业务和答案”的编写工作。参与配套数字资源制作的有李新、胡晓丽、张兵兵、李华、郭梦雪等。

由于编写人员水平有限，本书及相关配套资源难免存在不足之处，恳请广大师生和读者批评指正。

编　　者

2023年8月

本书数字化学习资源索引

目录

CONTENTS　　基础会计模拟实训

绪　论

“基础会计模拟实训”课程是与“基础会计”课程相配套的会计实训课程，是会计专业实训教学系统的重要组成部分，是进行会计案例教学的重要形式和学习会计基本技能的重要途径。中职学生通过实训，既可以强化对基础会计理论的理解和认识，又可以看到会计核算基本原理与方法在会计实务中的具体运用，不仅能够增加感性认识，了解和掌握实际工作中的经济业务知识，提高职业判断能力，而且能够掌握会计人员必须具备的实际操作能力，养成良好的职业习惯，为其日后成为应用型人才打下坚实的基础。

一、模拟实训的目的

“基础会计”是一门实践性和系统性比较强的课程，是中职学校会计专业和经济管理类专业的重要的专业课程之一，要求学生在学习时不仅要掌握会计核算的各种基本原理和基本方法，还要掌握会计核算的基本程序、会计工作基础操作规范和各种实际操作技能，进而理解会计是一个信息系统。其主要目的是使学生全面掌握各种会计工作操作规范，培养学生的识证能力、制证能力、登账能力和编制会计报表的能力，以及对会计主体经济活动的初步分析判断能力，加深对会计核算的基本程序和实际工作内容与性质的认识，提高会计的实际操作技能，形成会计责任观念，为进一步学习专业会计奠定坚实基础。

课程思政 学生通过实训，可以培养爱国情怀，增强“四个自信”、爱岗敬业意识和责任担当意识；可以培养“诚信为本、操守为重、坚持准则、不做假账”的会计人员基本素养，“严谨细致、精益求精”的工匠精神；拥有正确的世界观、人生观、价值观，融价值塑造、知识传授和能力培养为一体，实现由“职业人”向“财经人”的转变。

二、模拟实训的基本内容

基础会计模拟实训内容主要包括单项模拟实训和综合模拟实训两个模块。

(1) 单项模拟实训。其内容是和《基础会计》教材结合设计的，按会计核算方法的顺序安排。它包括原始凭证应用实训、记账凭证应用实训、会计账簿应用实训和会计报表编制实训四个项目。

(2) 综合模拟实训。其内容是在各单项模拟实训的基础上，将各单项模拟实训的内容综合应用，把所学的基础会计知识融会贯通。它是模拟处理企业一个会计分期全过程及全部会计业务的操作模块。

三、模拟实训的基本要求

基础会计模拟实训最直接的目的就是使学生熟悉和掌握会计的基本技能。其基本要求主要包括以下几项：

(1) 填制和审核会计凭证技能。填制和审核会计凭证是会计工作的起点，也是会计工作的基本环节，包括填制和审核原始凭证及记账凭证。

(2) 记账技能。记账即根据审核无误的原始凭证和记账凭证，按照国家统一会计制度规定的会计科目，运用复式记账法将经济业务序时、分类地登记到账簿中。登记账簿是会计核算工作的主要环节。

(3) 报账技能。编制会计报告是将日常分散的会计资料，按照一定的要求、原则，定期加以归类、整理和汇总成有关方面需要的会计信息的一种专门方法。其中，编制会计报表是会计报告的主体内容。

(4) 计算技能。在会计实际工作中，会计所面临的计算主要是大量的加减运算，计算器和算盘是会计人员应用较多的计算工具，也往往是展示业务技能的一个重要窗口。

(5) 其他方面技能。其他方面技能包括系统掌握会计基本理论、会计基础工作规范，认真钻研，及时总结实训经验和积极参与交流讨论等。

模块一　单项模拟实训

项目一　原始凭证应用实训

实训一　原始凭证的填制

一、实训目的

原始凭证的填制是会计核算的开始,是会计人员一项重要的技能。通过实训,学生应明确原始凭证应具备的基本要素,熟悉部分有代表性的原始凭证样式,掌握原始凭证填制的基本操作技能。

1-1　原始凭证应用实训

课程思政 通过实训,学生可以培养对职业的认知,形成对职业的认同感,遵纪守法、诚实守信、不做假账;可以培养严谨细致、勤奋扎实、专心专注的工作作风和团队协作精神。

二、实训要求

根据实训资料所给出的各项经济业务,按填制原始凭证的要求,正确填制与每项经济业务相关的原始凭证。

三、实训提示

为了熟悉填制原始凭证的基本要求,正确填制原始凭证,请参阅《会计基础工作规范》(数字化学习资源 1-2)中第三章第二节"填制会计凭证"的要求,以便顺利地进行操作,做好理论准备。

1-2　《会计基础工作规范》

四、实训资料[①]

广州远大有限责任公司(以下简称"远大公司")是一家加工制造法人企业,为增值税一般纳税人,增值税税率为13%,统一社会信用代码为116678901015678233,开户银行为

① 本实训资料由作者编写,纯属虚构。

工商银行广州分行，账号为0377668860，公司法人代表为刘洋，财务部经理为张山，会计为刘明，出纳为李梅，车间主任为杨太民，销售部经理为王大力，供应部经理为王洪山。公司地址：广州市高新开发区10号。2022年1月初资料见本模块项目三总分类账户期初余额表(表1-3-1)。原材料按实际成本法核算。产品成本按品种法计算。会计核算程序为科目汇总表核算程序。经核定的库存现金限额为3 000元，不采用备用金核算。日常开支审批程序：部门主管初审签字—企业法人代表终审签字。100元以下日常开支审批程序：部门主管初审签字—财务主管终审签字。2022年1月，该公司发生如下经济业务：

(1) 1日，收到本市阳光贸易公司开出的转账支票一张，归还前欠的购货款150 000元。填写进账单一份，连同转账支票送交开户行(阳光贸易公司开户银行：工行广州支行，账号：1006623888)。要求：填写进账单，代对方填写转账支票。

(2) 1日，出纳李梅开出现金支票一张，金额为5 000元，从银行提取现金，以备零用。要求：填写现金支票。

(3) 2日，业务员李一国去乌鲁木齐参加商品订货会，填写借款单，向财务部借现金3 000元，供应部经理王洪山批准。

(4) 3日，向广州朋辉有限责任公司(地址：广州市南京路100号，开户行：工行广州分行，账号：1005500221，统一社会信用代码：112450012000330111)购进甲材料300千克，单价为80元；乙材料500千克，单价为75元，材料已验收入库，增值税税率为13%；开出转账支票支付(直接记入"原材料"账户，下同)。要求：代销货方填制增值税专用发票，填制收料单、转账支票。

(5) 4日，向阳光贸易公司销售A产品200件，单价为630元；B产品200件，单价为400元；增值税税率为13%，收到该公司开出的转账支票一张，支付价税款。要求：填写增值税专用发票、出库单，代购货方填写转账支票(阳光贸易公司地址：广州市南阳路20号，统一社会信用代码：200112300223300666，开户行：工行广州支行，账号：1006623888)。

(6) 5日，收到仓库保管员李红本月因责任事故赔款258元，为其开出收款收据。

(7) 6日，向广州市百货超市购买办公用品一批：钢笔10支，单价为12元；圆珠笔20支，单价为1.5元；笔记本20本，单价为2元；行政办公室直接领用。用现金支付。要求：代百货超市填写普通发票一张。

(8) 7日，向市内家具城购买办公桌2张，单价为360元；办公柜1个，单价为520元，转账支付。要求：填写转账支票，代家具城开具普通发票(对方银行账号：1006600789，开户行：广州市商业银行长江分理处)。

(9) 10日，业务员李一国报销差旅费，出差时间为8天。差旅费单据包括：火车票2张，每张金额为488元；市内出租车车票12张，金额为98元；住宿费发票1张，1月3日22:00入住，住宿6天，每天住宿费为120元，房间号为826；路上往返时间为48小时。报销标准：车船及市内交通费实报实销，住宿费每天标准为100元，伙食费补助标准每天为50元，夜间乘车硬座超过8个小时另补助该车票价的60%(坐火车夜间均超过8个小时)。多余款收回。要求：填制住宿发票、差旅费报销单、收款收据。

(10) 15日，生产A产品领用甲材料450千克，单价为80元；生产B产品领用乙材料

500 千克,单价为 75 元。要求:填写领料单。

(11) 15 日,生产 C 产品领用乙材料 800 千克,单价为 75 元(计划产量为 1 100 件,每件乙材料的消耗定额为 1.76 千克)。要求:填写限额领料单。

(12) 18 日,填写银行电汇委托书一张,向陕西省海昌公司汇款 58 000 元,用以支付前欠货款(海昌公司地址:西安市同化区东山路 65 号,开户行:中国工商银行西安分行东山分理处,账号:5400110022210022)。要求:填写银行电汇委托书。

(13) 23 日,生产 C 产品领用乙材料 1 136 千克,单价为 75 元。要求:填写限额领料单。

(14) 25 日,将当天收到的现金 5 000 元存入银行(面额 50 元的 50 张;面额 20 元的 100 张;面额 10 元的 50 张)。要求:填写现金存款凭证。

(15) 28 日,收到外商捐赠的不需安装的新车床一台,其市场价值为 120 000 元,预计使用 10 年,残值估计为 12 000 元,设备已交付使用。要求:填制固定资产验收单。

(16) 31 日,收到开户行转来的本月电费委托收款凭证,本月用电量 15 131.50 度,每度电价为 0.76 元,计款 11 500 元,增值税进项税额为 1 495 元,共计 12 995 元,立即转账支付(单位名称:广州市电业局番禺分局,地址:光明北路 1 号,开户行:工行广州支行,账号:1002003005,统一社会信用代码:888666432100012688,抄表日期:本月本日,抄表员王五。其中:车间用电量 12 500 度,计 9 500 元,厂部用电量 2 631.50 度,计 2 000 元)。要求:代对方填写委托收款凭证及增值税专用发票,填写外购电力分配表、转账支票。

(17) 31 日,向北京天成有限责任公司销售 A 产品 180 件,单价为 650 元;B 产品 100 件,单价为 400 元,增值税税率为 13%,货已发出,并已办妥委托银行收款手续(款未收到),以转账支票一张代对方垫付运费 900 元。要求:填写增值税专用发票、出库单、委托收款凭证、转账支票(北京天成有限责任公司开户行:工行北京市分行;账号:1230005556;统一社会信用代码:112266335546789369;地址:北京市开发区 200 号。运输单位名称:广州市天一运输公司)。

(18) 31 日,收到开户行转来的本月借款利息 1 000 元的利息通知单,该笔借款从 2020 年 1 月 1 日起,借期 1 年,金额为 100 000 元,年利率为 12%。要求:代对方填写银行计收利息清单。

(19) 31 日,签发转账支票,支付本市电视台广告费 20 000 元。要求:代对方填写普通发票,填写转账支票。

(20) 31 日,收到北京天成有限责任公司通过信汇汇来的销货款 178 310 元,填写进账单,到银行办理收款。要求:代对方填写银行信汇凭证,填写进账单。

(21) 31 日,编制工资结算汇总表,本月应付职工工资 20 000 元,其中生产 A 产品工人工资 4 000 元,生产 B 产品工人工资 7 500 元,生产 C 产品工人工资 4 800 元,车间管理人员工资 2 500 元,行政管理人员工资 1 200 元。要求:填制工资结算汇总表。

(22) 31 日,按生产 A、B、C 三种产品所耗用的生产工时(A 产品 500 小时,B 产品 600 小时,C 产品 2 000 小时)为标准分配制造费用。要求:填制制造费用分配表。

(23) 31 日,假设期末 A、B、C 三种产品均全部完工,A 产品 125 件,单位成本为

423.48 元；B 产品 180 件，单位成本为 312.90 元；C 产品 1 100 件，单位成本为 143.40 元。结转完工产品成本(假设本月初生产成本账户期初余额均为直接材料成本)。要求：填制完工产品成本计算单。

(24) 31 日，结转已销商品成本。要求：填制产品销售成本计算表。

(25) 31 日，按本月应交增值税计算本月应交城市维护建设税(税率 7%)和应交教育费附加(税率 3%)。要求：填制城市维护建设税纳税申报表和教育费附加纳税申报表。

五、实训结果提示

(1) 填制的原始凭证均须由凭证上所要求的相关人员在凭证上签字(可约定几位同学代签)。

(2) 涉及收入、支出现金的原始凭证，在收妥现金后，需在凭证上加盖“现金收讫”戳记；在付出现金后，还应在凭证上加盖“现金付讫”戳记。

(3) 对外开出的原始凭证要加盖本单位“财务专用章”，填写使用的支票，还要在支票上再加盖本单位在银行预留的印鉴。

(4) 在实际工作中，发票由销售产品或提供劳务一方开具。

拓展阅读

1-3　共和国识别码——人民币

六、空白原始凭证

1-4 原始凭证的填制

1-5 原始凭证的填制(一)

业务 1-1

表 1-1-1

中国工商银行
转账支票存根 (粤)

yⅡ00856760

附加信息：

出票日期 年 月 日

收款人：	
金额：	
用途：	

单位主管 会计

中国工商银行 转账支票 (粤) yⅡ00856760

本支票付款期十天

出票日期(大写) 年 月 日 付款行名称：

收款人： 出票人账号：

人民币(大写)	千	百	十	万	千	百	十	元	角	分

用途：

上列款项请从

我账户内支付

出票人签章

复核 记账

业务 1-2

表 1-1-2

中国工商银行进账单(收账通知) 3

年 月 日

出票人	全 称		收款人	全 称	
	账 号			账 号	
	开户银行			开户银行	

金额	人民币(大写)	亿	千	百	十	万	千	百	十	元	角	分

票据种类		票据张数		
票据号码				
复核 记账				收款人开户银行签章

此联是收款人开户银行交给收款人的收账通知

业务 2

表 1-1-3

中国工商银行
现金支票存根 （粤）
yⅡ 00850125
附加信息：

出票日期 年 月 日

收款人：	
金额：	
用途：	

单位主管 会计

中国工商银行 现金支票 （粤）yⅡ 00850125

本支票付款期十天

出票日期（大写） 年 月 日 付款行名称：
收款人： 出票人账号：

人民币（大写）	千	百	十	万	千	百	十	元	角	分

用途：
上列款项请从
我账户内支付
出票人签章

复核 记账

业务 3

表 1-1-4

1-6 原始凭证的填制（二）

借 款 单

年 月 日 №

借款单位		借款人	
借款事由			
借款金额人民币（大写）：		¥	
付款方式：		借款经办人（签章）：	

单位负责人意见：	分管领导意见：	会计主管审核：

注意事项：1. 凡借用公款必须使用本借款单。2. 出差返回后 3 日内办理结算。3. 本借款单一式三联，本联为记账联。

业务 4-1

表 1-1-5

广东增值税专用发票

统一发票监制 国家税务总局 广州市税务局

№01616888

发 票 联

校验码 112264613635987　　　　开票日期：　年　月　日

购买方	名　　称： 纳税人识别号： 地 址 、电 话： 开户行及账号：	密码区	

货物或应税劳务、服务名称	规格型号	单 位	数 量	单 价	金　额	税 率	税　额
合　计							
价税合计(大写)					(小写)		

销售方	名　　称： 纳税人识别号： 地 址 、电 话： 开户行及账号：	备注	

收款人：　　　　复核：　　　　开票人：　　　　销售方(章)：

第三联：发票联 购买方记账凭证

注：在实际工作中，国家税务总局要求，增值税专用发票通过税控系统自动生成，即由企业会计人员通过计算机打印发票，全部联次一次打印完成。不再手工填制。

业务 4-2

表 1-1-6

收　料　单

材料类别：

供应单位：　　　　年　月　日　　　　仓　　库：

发票号码：　　　　材料科目：

材料编号	材料名称	规格	计量单位	数量		实际成本(元)				
				应　收	实　收	单　价	金　额	运杂费	其　他	合　计
合　计										

仓库主管：　　验收：　　记账：　　交料人：　　制单：　　仓库(章)：

第三联 记账联

业务 4-3

表 1-1-7

中国工商银行转账支票存根（粤）	中国工商银行 转账支票（粤）yⅡ 00858729
yⅡ 00858729	本支票付款期十天
附加信息：	出票日期(大写) 年 月 日 付款行名称：
出票日期 年 月 日	收款人： 出票人账号：
收款人：	人民币(大写) 千 百 十 万 千 百 十 元 角 分
金额：	用途：
用途：	上列款项请从我账户内支付 出票人签章
单位主管 会计	复核 记账

业务 5-1

表 1-1-8

广东增值税专用发票 №01616888

此联不作报销、扣税凭证使用

校验码 112264613635987 开票日期： 年 月 日

购买方	名 称： 纳税人识别号： 地 址 、电 话： 开户行及账号：				密码区		
货物或应税劳务、服务名称	规格型号	单 位	数 量	单 价	金 额	税 率	税 额
合 计							
价税合计(大写)					(小写)		
销售方	名 称： 纳税人识别号： 地 址 、电 话： 开户行及账号：				备注		

第一联：记账联 销售方记账凭证

收款人： 复核： 开票人： 销售方(章)：

业务 5-2

表 1-1-9

产 品 出 库 单

年 月 日

品 名	计量单位	发出数量	备 注

单位负责人： 发货人： 经办人：

业务 5-3

表 1-1-10

中国工商银行
转账支票存根 （粤）
yⅡ 00854552
附加信息：

出票日期 年 月 日

收款人：
金额：
用途：

单位主管 会计

中国工商银行 转账支票 （粤）yⅡ 00854552

本支票付款期十天

出票日期(大写) 年 月 日 付款行名称：

收款人： 出票人账号：

人民币（大写）	千	百	十	万	千	百	十	元	角	分

用途：

上列款项请从

我账户内支付

出票人签章

复核 记账

业务 6

表 1-1-11

广东统一财务收款收据

票据代码：4100010001
粤 财 综 IB〔2022〕

年 月 日 No

今收到

交 来

人民币(大写) ￥

说明	1. 本收据用于收费，基金以外的单位与单位之间，单位内部各部门之间及单位与个人之间发生的各种资金往来结算业务。 2. 本收据禁止用于收取行政事业性收费，政府性基金，否则按违反“收支两条线”予以处罚。

第三联 记账联

收款单位(章)： 开票人： 收款人：

业务 7

表 1-1-12

广州商业统一发票

发　票　联

发票代码：265354567

客户名称：　　　　　　　　年　　月　　日　　　　　　发票号码：00032652

项目	内容	单位	数量	单价(元)	金额(元)						
					万	千	百	十	元	角	分
合计人民币（大写）											

收款单位(章)：　　　　　　开票人：　　　　　　收款人：

业务 8-1

表 1-1-13

广州商业统一发票

发　票　联

发票代码：265354568

客户名称：　　　　　　　　年　　月　　日　　　　　　发票号码：00032653

项目	内容	单位	数量	单价(元)	金额(元)						
					万	千	百	十	元	角	分
合计人民币（大写）											

收款单位(章)：　　　　　　开票人：　　　　　　收款人：

业务 8-2

表 1-1-14

中国工商银行 转账支票存根 (粤) yⅡ00858730 附加信息： 出票日期 年 月 日 收款人： 金额： 用途： 单位主管 会计	本支票付款期十天	**中国工商银行 转账支票** (粤)yⅡ00858730 出票日期(大写) 年 月 日 付款行名称： 收款人： 出票人账号： 人民币(大写) 千 百 十 万 千 百 十 元 角 分 用途： 上列款项请从 我账户内支付 出票人签章 复核 记账

业务 9-1

表 1-1-15

差旅费报销单

年 月 日　　　　金额单位：元

出差人：								职务：					部门：				
出差事由：													审批人：				
起止日期及地点						交通费			住宿费			出差补贴					
月	日	起点	月	日	终点	交通工具	单据张数	金额	标准	天数	金额	项目	人数	天数	补贴标准	金额	
合计(大写)：人民币										¥							
预支金额		退回金额		补领金额		附单据 张											

主管：　　　复核：　　　出纳：　　　报销人：

业务 9-2

表 1-1-16

广州　发售
231 次

广州 ——► 乌鲁木齐

2022 年 01 月 02 日 17:18 开　02 车 02 号

全价 488.00 元　　新空调硬座特快

限乘当日当次车

李一国　4401131974＊＊＊＊2031

业务 9-3

表 1-1-17

乌鲁木齐　发售
232 次

乌鲁木齐 ——► 广州

2022 年 01 月 09 日 08:30 开　10 车 25 号

全价 488.00 元　　新空调硬座特快

限乘当日当次车

李一国　4401131974＊＊＊＊2031

业务 9-4

表 1-1-18

乌鲁木齐服务业专用发票

全国统一发票监制章　国家税务总局　乌鲁木齐市税务局

发　票　联

单位(姓名)：　　　　年　　月　　日　　　　№

起止时间	年　月　日至　年　月　日											
项　　目	楼房号	天　数	单　价	人　　数	金　　额						
					万	千	百	十	元	角	分
合计金额(大写)											

② 发票联

收款人：　　　　　　　　开票人：

业务 9-5

表 1-1-19

广东统一财务收款收据

票据代码：4100010001
粤 财 综 IB〔2022〕

年 月 日

№

今收到______________________________

交 来______________________________

人民币（大写） ￥

说明	1. 本收据用于收费，基金以外的单位与单位之间，单位内部各部门之间及单位与个人之间发生的各种资金往来结算业务。 2. 本收据禁止用于收取行政事业性收费，政府性基金，否则按违反“收支两条线”予以处罚。

第三联 记账联

收款单位（章）： 开票人： 收款人：

业务 10-1

1-7 原始凭证的填制（三）

表 1-1-20

领 料 单

领料部门： 用途： 凭证编号：

年 月 日

材料编号	材料名称	规 格	计量单位	数 量		单价（元）	金额（元）
				请 领	实 发		
备注：						金额合计	

第三联 记账联

仓库主管： 发料： 记账： 领料人： 制单： 仓库（章）：

业务 10-2

表 1-1-21

领 料 单

领料部门： 用途： 凭证编号：

年 月 日

材料编号	材料名称	规 格	计量单位	数 量		单价（元）	金额（元）
				请 领	实 发		
备注：						金额合计	

第三联 记账联

仓库主管： 发料： 记账： 领料人： 制单： 仓库（章）：

业务 11

表 1-1-22

限 额 领 料 单

No

领料部门： 用途： 材料仓库：

年 月

材料类型	材料名称	计量单位	单价（元）	全月领用限额（千克）	全月实用	
					数 量	金 额（元）
		千克				
供应部门负责人：				生产计划部门负责人：		

日期	请领		实发			退库		限额结余（千克）
	数 量	领料单位负责人	数量	发料人	领料人	数量	退库号	

核算： 仓库主管： 发料：

业务 12-1

表 1-1-23

中国工商银行电汇凭证（回 单） 1

汇款人	全 称		收款人	全 称	
	账 号			账 号	
	汇出地点	省 市/县		汇入地点	省 市/县
汇出行名称			汇入行名称		

金额	人民币（大写）	亿	千	百	十	万	千	百	十	元	角	分

汇出行签章	支付密码
	附加信息及用途：
	复核： 记账：

业务 12-2

表 1-1-24

中国工商银行 委托书

委托日期 年 月 日 粤 A01538796

<table>
<tr><td>银行打印</td><td colspan="8"></td></tr>
<tr><td rowspan="9">客户填写</td><td>业务类型</td><td colspan="4">□电汇 □信汇 □汇票申请书 □本票申请书 □其他</td><td>汇款方式</td><td colspan="2">□普通 □加急</td></tr>
<tr><td rowspan="4">委托人</td><td>全 称</td><td></td><td rowspan="4">收款人</td><td>全 称</td><td colspan="3"></td></tr>
<tr><td>账号或地址</td><td></td><td>账号或地址</td><td colspan="3"></td></tr>
<tr><td>开户行名称</td><td></td><td>开户行名称</td><td colspan="3"></td></tr>
<tr><td>开 户 银 行</td><td></td><td>开 户 银 行</td><td colspan="3"></td></tr>
<tr><td colspan="6">金额(大写)人民币</td><td colspan="2">亿 千 百 十 万 千 百 十 元 角 分</td></tr>
<tr><td>支付密码</td><td colspan="5"></td><td colspan="2" rowspan="4">付出行签章：</td></tr>
<tr><td>加急汇款签字</td><td colspan="5"></td></tr>
<tr><td>用途</td><td colspan="5"></td></tr>
<tr><td></td><td colspan="6">附加信息及用途：</td></tr>
</table>

第三联 回单联

注：本委托书也可用于办理电汇、信汇，制作汇票申请书（工商银行）。

业务 13

限额领料单请同学们自制。

业务 14

表 1-1-25

中国工商银行 现金存款凭证

年 月 日 粤 A04659865

<table>
<tr><td rowspan="3">存款人</td><td>全 称</td><td colspan="5"></td></tr>
<tr><td>账 号</td><td colspan="3"></td><td>款项来源</td><td></td></tr>
<tr><td>开户行</td><td colspan="3"></td><td>交款人</td><td></td></tr>
<tr><td colspan="5">金额（人民币）大写：</td><td colspan="2">金额小写：</td></tr>
</table>

票 面	张 数	票 面	张 数	票 面	张 数	
						经办： 复核：

业务 15

表 1-1-26

固定资产验收单

固定资产编号： 年 月 日 固定资产卡账号：

固定资产名称	规格型号	单 位	数 量	预计使用年限	原 值	已提折旧	备注
固定资产状况及转让原因							
处理意见	使用部门	技术鉴定小组		固定资产管理部门		主管部门审批	

制单：

业务 16-1

表 1-1-27

同委

委托收款凭证（付款通知） 5

委托日期 年 月 日

户号：					№0066813
付款人	全 称		收款人	全 称	
	账 号			账 号	
工行广州支行 电费： 违约金：				款项内容：	
				付款人注意：据我市变通办法，上列款项见票即付，如有异议，可凭本票反办委收。	

此联付款人开户行给付款人的付款单

业务 16-2

表 1-1-28

广东增值税专用发票

全国统一发票监制章 国家税务总局 广州市税务局

№016168931

发 票 联

校验码 112264613635987 开票日期： 年 月 日

购买方	名 称： 纳税人识别号： 地 址 、电 话： 开户行及账号：				密码区		
货物或应税劳务、服务名称	规格型号	单 位	数 量	单 价	金 额	税 率	税 额
 合 计							
价税合计（大写）					（小写）		
销售方	名 称： 纳税人识别号： 地 址 、电 话： 开户行及账号：				备注		

第三联：发票联 购买方记账凭证

收款人： 复核： 开票人： 销售方（章）：

业务 16-3

表 1-1-29

中国工商银行 转账支票存根 (粤) yⅡ 00858731	中国工商银行 转账支票 (粤) yⅡ 00858731
附加信息： 出票日期 年 月 日 收款人： 金额： 用途： 单位主管 会计	本支票付款期十天 出票日期(大写) 年 月 日 付款行名称： 收款人： 出票人账号： 人民币(大写) | 千 百 十 万 千 百 十 元 角 分 用途： 上列款项请从 我账户内支付 出票人签章 复核 记账

业务 16-4

表 1-1-30

外购电力分配表

年 月 日

应借科目	成本或费用项目	分配标准	分 配 率	耗用数量(度)	金 额(元)
制造费用					
管理费用					
总 计					

业务 17-1

表 1-1-31

广东增值税专用发票

№01616946

此联不作报销、扣税凭证使用

校验码 112264613635789 开票日期： 年 月 日

购买方	名 称： 纳税人识别号： 地 址 、电 话： 开户行及账号：			密码区			
货物或应税劳务、服务名称	规格型号	单 位	数 量	单 价	金 额	税 率	税 额
合 计							
价税合计(大写)					(小写)		
销售方	名 称： 纳税人识别号： 地 址 、电 话： 开户行及账号：			备注			

第一联：记账联 销售方记账凭证

收款人： 复核： 开票人： 销售方(章)：

业务 17-2

表 1-1-32

产 品 出 库 单

年 月 日

品 名	计量单位	发出数量	备 注

仓库负责人： 发货人： 经办人：

业务 17-3

表 1-1-33

异委

委托收款凭证(回单) 1

委托日期 年 月 日

№0066826

付款人	全 称		收款人	全 称	
	账 号			账 号	
工行广州分行 金额： 违约金：				款项内容： 付款人注意：据我市变通办法，上列款项见票即付，如有异议，可凭本票反办委收。	

此联收款人开户行给收款人的回单

业务 17-4

表 1-1-34

中国工商银行
转账支票存根 (粤)
yⅡ 00858732
附加信息：

出票日期 年 月 日

收款人：	
金额：	
用途：	

单位主管 会计

中国工商银行 转账支票 (粤) yⅡ 00858732

本支票付款期十天

出票日期(大写) 年 月 日 付款行名称：

收款人： 出票人账号：

人民币（大写）	千	百	十	万	千	百	十	元	角	分

用途：

上列款项请从

我账户内支付

出票人签章

复核 记账

业务 18

表 1-1-35

中国工商银行计收利息清单(支款通知)

年　　月　　日　　　　　　　　　　　　金额单位:元

户名					账号	
计息起止时间	年　月　日至　年　月　日				备注	
贷款种类	贷款账号	计息日贷款余额	计息积数	利　率	计收利息金额	

人民币(大写)	十	亿	千	百	十	万	千	百	十	元	角	分

单位主管:　　　　会计:　　　　复核:　　　　记账:

业务 19-1

表 1-1-36

广州广告业专用发票

全国统一发票监制章 国家税务总局 广州市税务局

客户名称:　　　　　　年　　月　　日　　　　　　№0065421

项　目	单　位	数　量	单　价(元)	金额(元) 万	千	百	十	元	角	分
合计金额(大写)										

单位盖章:　　　　收款人:　　　　开票人:

业务 19-2

表 1-1-37

中国工商银行
转账支票存根　(粤)

yⅡ 00858733

附加信息:

出票日期　　年　月　日

收款人:	
金额:	
用途:	

单位主管　　　　会计

中国工商银行　转账支票　(粤) yⅡ 00858733

本支票付款期十天

出票日期(大写)　　年　月　日　　　　付款行名称:

收款人:　　　　　　　　　　　　　　出票人账号:

人民币(大写)	千	百	十	万	千	百	十	元	角	分

用途:

上列款项请从

我账户内支付

出票人签章

复核　　　　记账

业务 20-1

表 1-1-38

中国工商银行信汇凭证(收账通知)

委托日期　　年　月　日　　京 A01538796

<table>
<tr><td>银行打印</td><td colspan="6"></td></tr>
<tr><td rowspan="9">客户填写</td><td>业务类型</td><td colspan="3">□电汇 □信汇 □汇票申请书 □本票申请书 □其他</td><td>汇款方式</td><td>☑普通 □加急</td></tr>
<tr><td rowspan="4">委托人</td><td>全　称</td><td></td><td rowspan="4">收款人</td><td>全　称</td><td></td></tr>
<tr><td>账号或地址</td><td></td><td>账号或地址</td><td></td></tr>
<tr><td>开户行名称</td><td></td><td>开户行名称</td><td></td></tr>
<tr><td>开 户 银 行</td><td></td><td>开 户 银 行</td><td></td></tr>
<tr><td colspan="5">金　额
(大写)人民币</td><td>百 十 万 千 百 十 元 角 分</td></tr>
<tr><td>支付密码</td><td colspan="4"></td><td rowspan="4">付出行签章:</td></tr>
<tr><td>加急汇款签字</td><td colspan="4"></td></tr>
<tr><td>用途</td><td colspan="4"></td></tr>
<tr><td></td><td colspan="5">附加信息及用途:</td><td></td></tr>
</table>

第四联 收账通知

业务 20-2

表 1-1-39

中国工商银行进账单(收账通知)　3

年　月　日

<table>
<tr><td rowspan="3">出票人</td><td>全　称</td><td></td><td rowspan="3">收款人</td><td>全　称</td><td></td></tr>
<tr><td>账　号</td><td></td><td>账　号</td><td></td></tr>
<tr><td>开户银行</td><td></td><td>开户银行</td><td></td></tr>
<tr><td>金额</td><td colspan="4">人民币
(大写)</td><td>亿 千 百 十 万 千 百 十 元 角 分</td></tr>
<tr><td>票据种类</td><td></td><td>票据张数</td><td></td><td colspan="2" rowspan="3">收款人开户银行签章</td></tr>
<tr><td>票据号码</td><td colspan="3"></td></tr>
<tr><td colspan="4">复核　　记账</td></tr>
</table>

此联是收款人开户银行交给收款人的收账通知

业务 21

表 1-1-40

工资结算汇总表

年　月　日　　　　　　　　　　　　　　　　单位:元

职工类别	应付工资	代扣各种款项(略)			实发工资
生产 A 产品工人工资					
生产 B 产品工人工资					
生产 C 产品工人工资					
车间管理人员工资					
行政管理人员工资					
合　计					

业务 22

表 1-1-41

制造费用分配表

年　月　　　　　　　　　　　　　　　　金额单位：元

项　目		生产工时(小时)	制造费用	
			分配率	分配金额
合　计				

会计主管：　　　　　　　　复核：　　　　　　　　制单：

业务 23

表 1-1-42

完工产品成本计算单

年　月　日

成本项目	A 产品（125 件）		B 产品（180 件）		C 产品（1 100 件）	
直接材料						
直接人工						
制造费用						
产品生产成本						

业务 24

表 1-1-43

产品销售成本计算表

年　　月　　　　　　　　　　　　金额单位：元

产品名称	计量单位	月初结存		本月入库		加权平均成本	月末结存数量	月末结存成本	本月销售成本
		数量	金额	数量	金额				
		1	2	3	4	$5=\frac{2+4}{1+3}$	6	7=5×6	8=2+4-7
合计									
备注	1. 加权平均成本和销售成本均保留到分位。 2. 由于加权平均成本除不尽，为了保持账面数字之间的平衡关系，销售成本采用倒挤法计算。								

会计主管：　　　　　　　　复核：　　　　　　　　制单：

业务 25-1

表 1-1-44

城市维护建设税纳税申报表

纳税人识别号：					
纳税人名称				税款所属期限	
计税依据	计税金额	税率	应纳税金额	已纳税额	应补(退)税额
1	2	3	4=2×3	5	6=4-5
增值税					
消费税					
如纳税人填报，由纳税人填写以下各栏		如委托代理人填写，由委托代理人填写以下各栏			备注
会计主管（签章）	纳税人公章	代理人名称		代理人公章	
		代理人地址			
		经办人		电话	
以下由税务机关填写					
申报日期				接收人	

业务 25-2

表 1-1-45

教育费附加纳税申报表

纳税人识别号：					
纳税人名称				税款所属期限	
计税依据	计税金额	税率	应纳税金额	已纳税额	应补(退)税额
1	2	3	4=2×3	5	6=4-5
增值税					
消费税					
如纳税人填报，由纳税人填写以下各栏		如委托代理人填写，由委托代理人填写以下各栏			备注
会计主管（签章）	纳税人公章	代理人名称		代理人公章	
		代理人地址			
		经办人		电话	
以下由税务机关填写					
申报日期				接收人	

实训二　原始凭证的审核

一、实训目的

原始凭证的审核是正确编制记账凭证的前提，是账簿记录正确的保障。学生通过实训，应掌握原始凭证的审核内容、审核程序和审核方法，基本掌握不符合要求的原始凭证的一般处理方法。

视频 1-8　原始凭证的审核

课程思政 学生通过实训，可以学习规则、法律法规，理解规则和法律的严肃性，形成对职业的敬畏之情；培养责任意识、法律意识和规则意识，树立坚持原则、客观公正、不徇私情、不牟私利的职业态度；提高会计职业判断能力和廉洁自律能力，增强诚实守信、企业安全意识和风险防范意识。

二、实训要求

在审核前，熟悉所给的经济业务，按审核和填制原始凭证的基本要求，指出实训资料所给出的原始凭证中所存在的问题，提出存在问题的原始凭证的处理方法。

三、实训提示

在实训之前，请先参阅《会计基础工作规范》(数字化学习资源 1-2)中第三章第二节“填制会计凭证”的要求。

四、实训资料

远大公司的财务人员在本月填制和收到了以下原始凭证，这些原始凭证均有不同程度的错误，请指出错误，并进行修改。

表 1-1-46

中国工商银行 现金支票存根 (粤)
yⅡ 00868700
附加信息：
出票日期　　年　月　日
收款人：本单位
金额：5 000.00
用途：日常零支
单位主管　　会计

中国工商银行　现金支票　(粤) yⅡ 00868700

本支票付款期十天

出票日期(大写)　　年　月　日　付款行名称：工行广州分行
收款人：本单位　出票人账号：0377668860

人民币(大写)	千	百	十	万	千	百	十	元	角	分
伍仟元整					5	0	0	0	0	0

用途：日常零支
上列款项请从
我账户内支付
出票人签章
复核　　记账

1. 请指出所填支票中存在的几处问题：

(1) ______________________________；

(2) ______________________________；

(3) ______________________________；

(4) ______________________________。

2. 处理方法：______________________________。

表 1-1-47

广东统一财务收款收据

票据代码：4100010001
粤 财 综 IB〔2022〕

2022 年 01 月 05 日

№07110016

今收到 李 红	
交 来	
人民币(大写) 贰佰伍拾捌元	(小写)￥258.00
说明	1. 本收据用于收费，基金以外的单位与单位之间，单位内部各部门之间及单位与个人之间发生的各种资金往来结算业务。 2. 本收据禁止用于收取行政事业性收费，政府性基金，否则按违反“收支两条线”予以处罚。

第三联 记账联

收款单位：(章)　　开票人：李 梅　　收款人：李 梅

1. 请指出所填收款收据中存在的几处问题：

(1) ______________________________；

(2) ______________________________；

(3) ______________________________；

(4) ______________________________。

2. 处理方法：______________________________。

表 1-1-48

广州市商业统一发票

（印章：国家税务总局 广州市税务局）

发 票 联

发票代码：265354567

客户名称：远大有限责任公司　　2022 年 01 月 06 日　　发票号码：00032652

项 目 或 内 容	单 位	数 量	单 价(元)	金额(元) 万	千	百	拾	元	角	分
钢 笔		10	12.00		￥	1	2	0	0	0
圆珠笔		20	1.50			￥	3	0	0	0
笔记本		20	2.00			￥	4	0	0	0
合计人民币(大写) 壹佰玖拾元整					￥	1	9	0	0	0

收款单位（章）：　　开票人：王 明　　收款人：王 明

1. 请指出所填普通发票中存在的几处问题：

(1) ____；

(2) ____；

(3) ____；

(4) ____。

2. 处理方法：____。

表 1-1-49

限额领料单

№07018

领料部门：车间　　用途：生产产品　　年　　月　　材料仓库：1 号库

<table>
<tr><td rowspan="2">材料类型</td><td rowspan="2">材料名称</td><td rowspan="2">计量单位</td><td rowspan="2">单价（元）</td><td rowspan="2">全月领用限额（千克）</td><td colspan="4">全月实用</td></tr>
<tr><td colspan="2">数量</td><td colspan="2">金额(元)</td></tr>
<tr><td>主要材料</td><td>乙材料</td><td>千克</td><td>75</td><td>1 936</td><td colspan="2"></td><td colspan="2"></td></tr>
<tr><td colspan="9">供应部门负责人：王洪山　　　　生产部门负责人：杨太民</td></tr>
</table>

<table>
<tr><td rowspan="2">日期</td><td colspan="2">请领</td><td colspan="3">实发</td><td colspan="2">退库</td><td rowspan="2">限额结余（千克）</td></tr>
<tr><td>数量</td><td>领料单位负责人</td><td>数量</td><td>发料人</td><td>领料人</td><td>数量</td><td>退库号</td></tr>
<tr><td>15</td><td>800</td><td>杨太民</td><td>800</td><td>李红</td><td>杨太民</td><td></td><td></td><td></td></tr>
<tr><td>23</td><td>1 200</td><td>杨太民</td><td>1 136</td><td>李红</td><td>杨太民</td><td></td><td></td><td></td></tr>
<tr><td></td><td></td><td></td><td></td><td></td><td></td><td></td><td></td><td></td></tr>
<tr><td></td><td></td><td></td><td></td><td></td><td></td><td></td><td></td><td></td></tr>
</table>

核算：　　仓库主管：李红　　发料：李红

1. 请指出所填领料单中存在的几处问题：

(1) ____；

(2) ____；

(3) ____；

(4) ____。

2. 处理方法：____。

表 1-1-50

广东增值税专用发票

国家税务总局

№01616888

此联不作报销、扣税凭证使用

校验码 112264613635987　　　　开票日期：2022 年 01 月 31 日

购买方	名　　称：北京天成有限责任公司 纳税人识别号：112266335546789 地 址 、电 话：北京市开发区 200 号 开户行及账号：工行北京分行 1230005556				密码区	（略）	
货物或应税劳务、服务名称	规格型号	单 位	数 量	单 价	金　额	税 率	税　额
A 产品		件	180	650.00	117000.00	13%	15210.00
B 产品		件	100	400.00	40000.00	13%	5200.00
合　计					￥157000.00		￥20410.00
价税合计（大写）	⊗壹拾伍万柒仟元整				（小写）￥157000.00 元		
销售方	名　　称： 纳税人识别号： 地 址 、电 话： 开户行及账号：				备注		

第一联：记账联　销售方记账凭证

收款人：李　梅　　　复核：　　　开票人：王大力　　　销售方（章）：

1. 请指出所开增值税专用发票中存在的几处问题：

（1）____；

（2）____；

（3）____；

（4）____。

2. 处理方法：____。

重点说明：对错误的原始凭证，应退还出具原始凭证的单位，由出具原始凭证的单位重开，再据以编制记账凭证并登记入账。

1-9　会计人员违纪违法案例分析　　1-10　项目一参考答案

项目二　记账凭证应用实训

实训一　记账凭证的填制与审核

一、实训目的

记账凭证是由会计人员对审核无误的原始凭证或汇总原始凭证，按其经济业务的内容加以归类整理而填制的，并作为登记账簿依据的会计凭证。它是进行会计核算的关键。学生通过实训，应掌握记账凭证的编制方法，熟悉记账凭证格式和内容，提高对经济业务的会计处理能力。

视频

2-1　记账凭证应用实训

课程思政 学生通过实训，可以理解会计岗位工作的重要性；提高运用专业知识进行职业判断的能力；培养主动为企业服务的意识；培养实事求是、勇于创新的基本理念和团结协作、精益求精的精神。

二、实训要求

记账凭证有单式记账凭证和复式记账凭证，本项目仅进行复式记账凭证的实训。具体操作要求如下：

(1) 根据原始凭证填制专用记账凭证或通用记账凭证，并将原始凭证从书中裁下粘贴在对应的记账凭证后面。

(2) 装订填制完成的专用记账凭证或通用记账凭证(注：在进行期末转账并记账后进行)。

(3) 实训学生相互交换审核已填制的记账凭证。

三、实训提示

为熟悉填制记账凭证的基本要求，正确填制记账凭证，请先参阅《会计基础工作规范》(数字化学习资源 1-2)中第三章第二节“填制会计凭证”的要求，为顺利地进行动手操作，做好知识准备。

(一) 实训资料

以项目一原始凭证应用实训中“实训资料”给出的原始凭证作为填制记账凭证的资料。

(二) 记账凭证格式参考

1. 通用记账凭证格式

通用记账凭证格式如表 1-2-1 所示。

表 1-2-1

记 账 凭 证

第　号

年　月　日

摘　要	会 计 科 目		借方金额	贷方金额	✓
	一级科目	二级或明细科目			
合　计					

附件　张

会计主管：　记账：　出纳：　复核：　制单：

2. 专用记账凭证格式

专用记账凭证格式如表 1-2-2 至表 1-2-4 所示。

表 1-2-2

收 款 凭 证

字第　号

借方科目：　年　月　日

摘　要	贷 方 科 目		金　额	✓
	一级科目	二级或明细科目		
合　计				

附件　张

会计主管：　记账：　出纳：　复核：　制单：

表 1-2-3

付 款 凭 证

字第　号

贷方科目：　年　月　日

摘　要	借 方 科 目		金　额	✓
	一级科目	二级或明细科目		
合　计				

附件　张

会计主管：　记账：　出纳：　复核：　制单：

表 1-2-4

转 账 凭 证

字第　号

年　月　日

摘　要	会 计 科 目		借方金额	贷方金额	✓
	一级科目	二级或明细科目			
合　计					

附件　张

会计主管：　记账：　复核：　制单：

2-2 记账凭证的填制

四、记账凭证填写示例

1. 通用记账凭证填写示例

(1) 根据原始凭证表 1-1-1 和表 1-1-2 填制。填写示例如表 1-2-5 所示。

表 1-2-5

记 账 凭 证

第 1 号

2022 年 01 月 01 日

摘　　要	会 计 科 目		借 方 金 额	贷 方 金 额	✓
	一级科目	二级或明细科目			
收到前欠销货款	银行存款		150 000.00		
	应收账款	阳光贸易公司		150 000.00	
合　　计			￥150 000.00	￥150 000.00	

附件 2 张

会计主管：张　山　记账：刘　明　出纳：李　梅　复核：张　山　制单：李　梅

该记账凭证后附的原始凭证有转账支票 1 张。

(2) 根据原始凭证表 1-1-5 至表 1-1-7 填制。填写示例如表 1-2-6 所示。

表 1-2-6

记 账 凭 证

第 4 号

2022 年 01 月 03 日

摘　　要	会 计 科 目		借 方 金 额	贷 方 金 额	✓
	一级科目	二级或明细科目			
采购原材料	原材料	甲材料	24 000.00		
	原材料	乙材料	37 500.00		
	应交税费	应交增值税(进项税额)	7 995.00		
	银行存款			69 495.00	
合　　计			￥69 495.00	￥69 495.00	

附件 3 张

会计主管：张　山　记账：刘　明　出纳：李　梅　复核：张　山　制单：李　梅

该记账凭证后附的原始凭证有增值税专用发票、收料单、转账支票存根联各 1 张。

2. 专用记账凭证填写示例

(1) 根据原始凭证表 1-1-8 至表 1-1-10 填制。填写示例如表 1-2-7 所示。

表 1-2-7

收款凭证

银收字第 02 号

借方科目：银行存款　　2022 年 01 月 04 日

摘　　要	贷方科目		金　　额	✓
	一级科目	二级或明细科目		
销售商品款存银行	主营业务收入	A 产品	126 000. 00	
	主营业务收入	B 产品	80 000. 00	
	应交税费	应交增值税（销项税额）	26 780. 00	
合　　计			￥232 780. 00	

附件 3 张

会计主管：张　山　记账：刘　明　出纳：李　梅　复核：张　山　制单：刘　明

该记账凭证后附的原始凭证有增值税专用发票 1 张。

注：出库单在月底作为结转销售成本的原始凭证。

（2）根据原始凭证表 1-1-3 填制。填写示例如表 1-2-8 所示。

表 1-2-8

付款凭证

银付字第 01 号

贷方科目：银行存款　　2022 年 01 月 01 日

摘　　要	借方科目		金　　额	✓
	一级科目	二级或明细科目		
从银行提取现金	库存现金		5 000. 00	
合　　计			￥5 000. 00	

附件 1 张

会计主管：张　山　记账：刘　明　出纳：李　梅　复核：张　山　制单：李　梅

该记账凭证后附的原始凭证有现金支票存根联 1 张。

（3）根据原始凭证表 1-1-21 填制。填写示例如表 1-2-9 所示。

表 1-2-9

转账凭证

转字第 03 号

2022 年 01 月 15 日

摘　　要	会计科目		借方金额	贷方金额	✓
	一级科目	二级或明细科目			
生产产品领用乙材料	生产成本	C 产品	60 000.00		
	原材料	乙材料		60 000.00	
合　　计			￥60 000.00	￥60 000.00	

附件 1 张

会计主管：张　山　记账：刘　明　复核：张　山　制单：刘　明

该记账凭证后附的原始凭证有限额领料单 1 张。

实训二 记账凭证的汇总

一、实训目的

记账凭证的汇总不仅大大减少登记总账的工作量，而且也可以起到试算平衡——检查记账凭证编制错误的作用。通过实训，学生应掌握科目汇总表的编制。

2-3 记账凭证的审核

2-4 记账凭证的汇总

课程思政 通过实训，学生可以培养对专业业务和职业岗位的专注精神，将谦虚谨慎、团队协作的作风融入学习和工作中，立足岗位，脚踏实地开展工作。

二、实训要求

根据专用记账凭证或通用记账凭证定期编制科目汇总表。科目汇总表的格式见表 1-2-10。

表 1-2-10

科目汇总表

年 月 日 至 日 第______号

会计科目	借方金额	贷方金额	附 记 账 凭 证
			自______号至______号
			计______张
合 计			

会计主管： 记账： 复核： 制表：

三、实训资料

本项目记账凭证的填制与审核中所填制的记账凭证。

2-5 项目二参考答案

项目三　会计账簿应用实训

实训一　账户设置实训

3-1　会计账簿

一、实训目的

学生通过实训，应掌握总账和明细账设置的基本原理与方法，学会如何在实际工作中，根据有关资料的相互联系建立一个完整的账户核算体系，以满足企业会计核算的需要。

课程思政 学生通过实训，可以增强会计主体意识和企业服务观念；提高法治意识、创业意识、责任意识；提升爱岗敬业、诚实守信、遵纪守法的观念；培养严谨细致、不做假账、精益求精的工作习惯和职业精神。

二、实训要求

根据实训资料所给出的不同状况下的企业资料，在不同状况下为企业设置出相应的核算账户。具体要求是：

(1) 根据企业上期期末总账账户余额表设置总分类核算账户。

(2) 根据企业上期期末明细分类账户余额表设置明细分类核算账户和日记账账户。

三、实训提示

会计科目是企业会计分类核算账户的名称。在我国，设置总分类账户应以财政部颁布实施的《企业会计准则——应用指南》中规定的会计科目为标准；明细分类账户统一设置的不多，企业可根据其实际需要，自行设置。

四、实训资料

(1) 广州远大有限责任公司 2022 年 1 月 1 日总分类账户期初余额如表 1-3-1 所示。

表 1-3-1

总分类账户期初余额表

2022 年 01 月 01 日　　　　单位：元

账户名称	借方余额	贷方余额
库存现金	3 000	
银行存款	300 000	

（续表）

账户名称	借方余额	贷方余额
应收票据	15 000	
应收账款	150 000	
原材料	189 000	
周转材料	3 600	
生产成本	20 000	
库存商品	185 201	
固定资产	4 794 799	
累计折旧		513 000
短期借款		100 000
应付账款		58 000
实收资本		4 541 450
盈余公积		251 890
利润分配		196 260
合　计	5 660 600	5 660 600

（2）广州远大有限责任公司 2022 年 1 月 1 日明细核算账户期初余额如表 1-3-2 和表 1-3-3 所示。

拓展阅读

3-2 启用账簿，依法缴纳印花税

表 1-3-2

相关库存账户期初余额表

金额单位：元

总账账户	明细账户	编号	规　格	单位	数　量	单　价	金　额
原材料	甲材料			千克	300	80.00	24 000.00
	乙材料			千克	2 200	75.00	165 000.00
生产成本	A 产品						11 000.00
	B 产品						9 000.00
周转材料	办公桌	001	三斗两开门	张	4	400.00	1 600.00
	办公柜	002	铁质带保险	个	4	500.00	2 000.00
库存商品	A 产品			件	260	423.48	110 105.00
	B 产品			件	240	312.90	75 096.00

表 1-3-3

往来账户期初余额表

单位：元

总账账户	明细账户	借方余额	贷方余额
应收票据		15 000	
	广州市阳光贸易公司	15 000	
应收账款		150 000	
	广州市阳光贸易公司	150 000	
应付账款			58 000
	陕西省海昌公司		58 000

实训二　账簿登记实训

一、实训目的

登记账簿是会计人员最基本的工作，是会计专业学生必须掌握的最基本技能。学生通过实训，应明确账簿的种类和基本结构，熟悉登记账簿的一般要求，掌握账簿登记的基本操作技能。

3-3　账簿登记

课程思政 学生通过实训，可以增强时间观念，建立及时处理会计业务的意识；增强主体意识和责任感，提升严谨细致、精益求精的业务能力；培养质量意识。

二、实训要求

(1) 根据项目二实训资料中的收、付款凭证，登记现金日记账和银行存款日记账。

(2) 根据项目二实训资料中的收、付款凭证和转账凭证，登记各类明细分类账。

(3) 根据项目二实训资料中的科目汇总表，登记总分类账。

三、实训提示

为了熟悉账簿登记的基本内容和登账的基本要求，请参阅《会计基础工作规范》(数字化学习资源 1-2)中的要求。

3-4　会计人员基本职业道德和行为准则

四、账簿格式

1. 日记账的格式

日记账的格式如表 1-3-4 和表 1-3-5 所示。

表 1-3-4

现金日记账

年		凭证字号	摘　　要	对方科目	收　入	支　出	结　余
月	日						

表 1-3-5

银行存款日记账

年		凭证字号	摘　　要	对方科目	结算凭证		收入	支出	结余
月	日				种类	编号			

2. 明细分类账的适用范围及格式

明细分类账的适用范围及格式如表 1-3-6 至表 1-3-11 所示。

表 1-3-6

明细分类账的适用范围

账页格式	适用范围	特　　点
三栏式	现金/银行存款日记账	只需要进行金额核算的经济业务
	应收/应付账款明细分类账	
	应付职工薪酬明细分类账	
多栏式	在途物资明细分类账	需要进行分项目具体反映的经济业务
	制造费用明细分类账	
	管理费用明细分类账	
	生产成本明细分类账	
	主营业务收入明细分类账	
	营业外收入明细分类账	
	应交增值税明细分类账	
	本年利润明细分类账	
数量金额式	原材料明细分类账	既需要进行金额核算又需要进行数量核算的经济业务
	库存商品明细分类账	
	周转材料明细分类账	

表 1-3-7

明细分类账(三栏式)

账户名称:

年		凭证字号	摘　　要	借方金额	贷方金额	借或贷	余　　额
月	日						

表 1-3-8

在途物资明细分类账

材料名称:

年		凭证字号	摘　　要	借　方　金　额				贷方金额	余　　额
月	日			买　价	采购费用	其　他	合　计		

表 1-3-9

生产成本明细分类账

明细科目:　　　　　　　　　　　　　　　　　　　　单位:元

年		凭证字号	摘要	借方	贷方	余额		借　　方							
月	日					方向	金额	直接材料	直接人工	直接动力	其他直接费用	制造费用			

表 1-3-10

管理费用明细分类账

明细科目： 单位：元

年		凭证字号	摘要	借方	贷方	余额		借方							
月	日					方向	金额								

表 1-3-11

原材料明细分类账(数量金额式)

材料名称： 计量单位：

年		凭证字号	摘要	收入			发出			结存		
月	日			数量	单价	金额	数量	单价	金额	数量	单价	金额

3. 总分类账的格式

总分类账的格式如表 1-3-12 所示。

表 1-3-12

总 分 类 账

会计科目名称或编号……………………

年		凭证字号	摘　　要	借　　方	贷　　方	借或贷	余　　额
月	日						

五、实训资料

项目二中所填制的记账凭证和科目汇总表。

实训三　银行存款余额调节表编制实训

一、实训目的

学生通过实训,应掌握银行存款余额调节表的编制。

课程思政 学生通过实训,可以提高职业判断能力和沟通交流能力。

视频

3-5 银行存款余额调节表的编制

二、实训要求

根据广州远大有限责任公司 2022 年 1 月份的银行存款日记账和其开户行转来的银行对账单的记录,找出未达账项,并编制 2022 年 1 月份的银行存款余额调节表。

三、实训提示

将广州远大有限责任公司 2022 年 1 月份的银行存款日记账和银行对账单记录逐笔勾对,找出未达账项并判断未达账项的类型,按照补记收付调节法编制银行存款余额调节表,核对调节后的余额。

四、实训资料

广州远大有限责任公司2022年1月份的银行存款日记账和银行存款对账单资料见表1-3-13至表1-3-15。

表 1-3-13

银行存款日记账

2022年		凭证字号	摘要	对方科目	结算凭证		借方	贷方	结余
月	日				种类	编号			
01	01		上年结转						300 000.00
01	01	银收1	阳光公司归来欠款	应收账款			150 000.00		450 000.00
01	01	银付1	提现	库存现金				5 000.00	445 000.00
01	03	银付2	采购原材料	原材料、应交税费——应交增值税				69 495.00	375 505.00
01	04	银收2	销售产品	主营业务收入、应交税费——应交增值税			232 780.00		608 285.00
01	07	银付3	购买办公桌、办公柜	周转材料				1 240.00	607 045.00
01	18	银付4	支付前欠货款	应付账款				58 000.00	549 045.00
01	25	银收3	交存现金	库存现金			5 000.00		554 045.00
01	31	银付5	支付本月电费	制造费用、管理费用、应交税费——应交增值税				12 995.00	541 050.00
01	31	银付6	代天成公司支付运费	应收账款				900.00	540 150.00
01	31	银付7	支付借款利息	财务费用				1 000.00	539 150.00
01	31	银付8	支付电视台广告费	销售费用				20 000.00	519 150.00
01	31	银收4	收到天成公司购货款	应收账款			178 310.00		697 460.00

表 1-3-14

中国工商银行客户存款对账单

2022 年 01 月

账号：1704026856　　户名：广州远大有限责任公司　　单位：元

日 期	凭证种类	摘 要	借 方	贷 方	借/贷	余 额
01-01		月初余额			借	300 000.00
01-01	转账支票	收到外欠款	150 000.00		借	450 000.00
01-02	转账支票	收到销货款	232 780.00		借	682 780.00
01-05	转账支票	购买用具		1 240.00	借	681 540.00
01-08	现金支票	提现金		5 000.00	借	676 540.00
01-10	电汇	货款		58 000.00	借	618 540.00
01-10	转账支票	货款		69 495.00	借	549 045.00
01-28	电汇	前欠货款	15 000.00		借	564 045.00
01-31	转账支票	支付广告费		20 000.00	借	544 045.00
01-31	转账支票	借款利息		1 000.00	借	543 045.00
01-31	委托收款	支付水费		12 300.00	借	530 745.00
01-31	委托收款	交电费		12 995.00	借	517 750.00

表 1-3-15

银行存款余额调节表

年　　月　　日

项　　目	金　　额	项　　目	金　　额
企业银行存款账面余额 加：银行已收，企业未收 减：银行已付，企业未付		银行对账单余额 加：企业已收，银行未收 减：企业已付，银行未付	
调节后的余额		调节后的余额	

实训四　错账更正实训

3-6 错账更正方法

一、实训目的

学生通过实训，应进一步理解和掌握错账的正确更正方法。

课程思政 学生通过实训，可以提高业务处理能力；培养严谨细致、精益求精的工匠精神。

二、实训要求

(1) 根据实训资料，进行凭证核对、账证核对、检查存在的错误。

(2) 对于存在的错误，判断错误的性质和应采用的更正方法。

(3) 用正确的更正方法改正存在的错误。

知识链接

3-7《企业会计准则第28号——会计政策、会计估计变更和差错更正》

三、实训提示

在实训前学习《企业会计准则第 28 号——会计政策、会计估计和差错更正》(数字化学习资源 3-7)及《会计基础工作规范》(数字化学习资源 1-2)中关于差错更正的要求，领会相关的规定。

四、实训资料

根据广州远大有限责任公司 2022 年 1 月份发生的经济业务所填制的会计凭证及登记的账簿的有关资料，其中“管理费用”总账相关业务已全部登记入账，现有几项经济业务的记账凭证和相关账簿资料如表 1-3-16 至表 1-3-25 所示。其他业务无误(略)。

(1) 1 月 6 日，向市百货超市购买办公用品一批：钢笔 10 支，单价为 12 元；圆珠笔 20 支，单价为 1.5 元；笔记本 20 本，单价为 2 元；行政办公室直接领用；用现金支付。要求：代对方填写普通发票 1 张。

原始凭证略，记账凭证见表 1-3-16 付款凭证。

表 1-3-16

付 款 凭 证

现付字第 02 号

贷方科目：库存现金　　2022 年 01 月 06 日

摘　要	借方科目		金　额	✓
	一级科目	二级或明细科目		
购买办公用品	管理费用	办公用品	190.00	✓
合　计			￥190.00	

附件 1 张

会计主管：张　山　记账：刘　明　出纳：李　梅　复核：张　山　制单：李　梅

(2) 1 月 10 日，业务员李一国报销差旅费，出差时间为 8 天。差旅费单据包括：火车票 2 张，每张金额为 488 元；市内出租车票 12 张，金额为 98 元；住宿费收据 1 张，1 月 3 日 22:00 入住，住宿 6 天，每天住宿费为 120 元，房间号为 826；路上往返时间为 48 小时。报销标准：车船及市内交通费实报实销，住宿费每天标准为 100 元，伙食费补助标准每天为 50 元，夜间乘车硬座超过 8 个小时另补助该车票价的 60%(坐火车夜间均超过 8 个小时)。多余款收回。要求：填制住宿发票，差旅费报销单、收款收据。

原始凭证略，记账凭证见表 1-3-17 转账凭证。

表 1-3-17

转 账 凭 证

转字第 01 号

2022 年 01 月 10 日

摘 要	会计科目 一级科目	二级或明细科目	借方金额	贷方金额	✓
业务员去乌鲁木齐	管理费用	差旅费	2 759.60		✓
参加商品订货会	其他应收款	李一国		2 759.60	✓
合 计			￥2 759.60	￥2 759.60	

附件 3 张

会计主管：张 山　记账：刘 明　复核：张 山　制单：刘 明

（3）1 月 31 日，收到开户行转来的本月电费委托收款凭证，本月用电量 15 131.50 度，每度电价 0.76 元，计 11 500 元，立即转账支付（单位名称：广州市电业局番禺分局，地址：光明北路 1 号，开户行：工行广州支行，账号：1002003005，抄表日期：本月本日，抄表员王五。其中：车间用电量 12 500 度，计 9 500 元，厂部用电量 2 631.50 度，计 2 000 元）。要求：代对方填写委托收款凭证、增值税专用发票，填写电费分配表、转账支票。原始凭证略，记账凭证见表 1-3-18 付款凭证。

表 1-3-18

付 款 凭 证

银付字第 05 号

贷方科目：银行存款　　2022 年 01 月 31 日

摘 要	借方科目 一级科目	二级或明细科目	金 额	✓
支付本月电费	制造费用	电费	9 500.00	✓
	管理费用	电费	1 000.00	✓
	应交税费	应交增值税——进项税额	1 495.00	✓
合 计			￥11 995.00	

附件 4 张

会计主管：张 山　记账：刘 明　出纳：李 梅　复核：张 山　制单：李 梅

（4）1 月 31 日，签发转账支票，支付市电视台广告费 20 000 元。要求：代对方填写普通发票，填写转账支票。

原始凭证略，记账凭证见表 1-3-19 付款凭证。

表 1-3-19

付 款 凭 证

银付字第 08 号

贷方科目：银行存款　　2022 年 01 月 31 日

摘 要	借方科目 一级科目	二级或明细科目	金 额	✓
支付市电视台广告费	管理费用	广告费	20 000.00	✓
合 计			￥20 000.00	

附件 2 张

会计主管：张 山　记账：刘 明　出纳：李 梅　复核：张 山　制单：李 梅

表 1-3-20

总 分 类 账

会计科目名称或编号 管理费用

2022年 月	日	凭证号数	摘要	借方	贷方	借或贷	余额
01	06	现付字第02号	购买办公用品	160.00		借	160.00
01	10	转字第01号	李一国报销差旅费	2 759.60		借	2 919.60
01	31	银付字第05号	支付电费	1 000.00		借	3 919.60
01	31	银付字第08号	支付本市广告费	20 000.00		借	23 919.60
01	31	转字第05号	分配工资费用	1 200.00		借	25 119.60

表 1-3-21

总 分 类 账

会计科目名称或编号 库存现金

2022年 月	日	凭证号数	摘要	借方	贷方	借或贷	余额
01	01		上年结转			借	3 000.00
01	01	现收字第01号	从银行提取现金	5 000.00		借	8 000.00
01	02	现付字第01号	李一国出差借支		3 000.00	借	5 000.00
01	05	现收字第02号	罚仓库保管员李红责任事故款	258.00		借	5 258.00
01	06	现付字第02号	购买办公用品		160.00	借	5 098.00
01	10	现收字第03号	李一国报销多余现金交回	340.40		借	5 438.40
01	25	现付字第03号	将现金交存银行		5 000.00	借	438.40

表 1-3-22

总 分 类 账

会计科目名称或编号 其他应收款

2022年 月	日	凭证号数	摘要	借方	贷方	借或贷	余额
01	02	现付字第01号	李一国预借差旅费	3 000.00		借	3 000.00
01	10	转字第01号	李一国去乌鲁木齐报销		2 759.60	借	240.40

表 1-3-23

总 分 类 账

会计科目名称或编号 制造费用

2022 年		凭证号数	摘　　要	借　　方	贷　　方	借或贷	余　　额
月	日						
01	31	银付字第 05 号	支付车间本月电费	9 500.00		借	9 500.00
01	31	转字第 05 号	分配工资费用	2 500.00		借	12 000.00
01	31	转字第 07 号	结转本月制造费用		12 000.00		平

表 1-3-24

总 分 类 账

会计科目名称或编号 银行存款

2022 年		凭证号数	摘　　要	借　　方	贷　　方	借或贷	余　　额
月	日						
01	01		上年结转			借	300 000.00
01	01	银收字第 01 号	收到阳光公司购货款	150 000.00		借	450 000.00
01	01	银付字第 01 号	提现		5 000.00	借	445 000.00
01	03	银付字第 02 号	支付购货款		69 495.00	借	375 505.00
01	04	银收字第 02 号	收到销货款	232 780.00		借	608 285.00
01	07	银付字第 03 号	付购买办公用品款		1 240.00	借	607 045.00
01	18	银付字第 04 号	归还购货款		58 000.00	借	549 045.00
01	25	银收字第 03 号	交现金	5 000.00		借	554 045.00
01	31	银付字第 05 号	支付本月电费		11 995.00	借	542 050.00
01	31	银付字第 06 号	代天成公司垫支运费		900.00	借	541 150.00
01	31	银付字第 07 号	支付本月贷款利息		1 000.00	借	540 150.00
01	31	银付字第 08 号	支付本月本市广告费		20 000.00	借	520 150.00
01	31	银收字第 04 号	收到销货款	178 310.00		借	698 460.00

表 1-3-25

总 分 类 账

会计科目名称或编号 销售费用

年		凭证号数	摘　　要	借　　方	贷　　方	借或贷	余　　额
月	日						

五、实训结果提示

(1) 第一笔业务凭证没有错误，过账时错记为“160.00”元，采用划线更正法更正。

(2) 第二笔业务记账凭证实记金额大于应记金额，采用红字更正法，冲销多记的金额100元。

(3) 第三笔业务记账凭证实记金额小于应记金额，采用补充登记法，补记少记的金额1 000元。

(4) 第四笔业务用错会计科目，该笔广告费应记入“销售费用”账户，采用红字更正法，冲销原错误记录，并编制正确的记账凭证和据以登记入账。

重点说明：会计核算要求账簿登记清晰、准确，但在实际工作中，由于各种原因，账目难免会出现错漏。因此，需要经常进行对账，定期做好对账工作，做到账账相符、账实相符。

实训五　期末转账与结账实训

3-8 期末转账　3-9 期末对账与结账

一、实训目的

期末转账与结账是总结会计主体某一会计期间的经济活动情况，考核经营成果，编制会计报表的需要，因此期末转账与结账是对会计记录的总结，是编制会计报表的前提。学生通过实训，应掌握期末转账与结账的内容、程序和方法，熟悉各项具体操作。

课程思政 学生通过实训，可以培养时间观念和数据运算能力；培养求真务实、锲而不舍的意志力；树立不懈追求目标、蓬勃向上和积极进取的职业精神。

二、实训要求

在本项目实训二“账簿登记实训”中总账和明细账登记的基础上，首先确保所有业务均已登记入账，其次进行期末转账和结账。步骤为：

(1) 编制期末转账前的试算平衡表，验证账簿记录是否正确。

(2) 将损益类账户结转到“本年利润”账户。

(3) 计算应交所得税，假设该公司适用的所得税税率为25%，没有纳税调整事项，计算本月应交所得税，编制会计凭证，并结转到“本年利润”账户。

(4) 对各类账户进行月末结账。

(5) 编制结账后的试算平衡表。

三、实训提示

结账的具体做法参见《会计基础工作规范》(数字化学习资源1-2)中的要求。

四、实训资料

(1) 本项目实训二“账簿登记实训”中设置并登记的账簿资料。

（2）试算平衡表见表 1-3-26 和表 1-3-27。

表 1-3-26

试算平衡表（结转前）

年　月　日　　　　　　单位：元

账户名称	期初余额		本期发生额		期末余额	
	借　方	贷　方	借　方	贷　方	借　方	贷　方

表 1-3-27

试算平衡表（结转后）

年　月　日　　　　　　单位：元

账　户　名　称	借　方　余　额	账　户　名　称	贷　方　余　额

五、实训结果提示

填列好的结转前和结转后的试算平衡表见表 1-3-28 和表 1-3-29。

表 1-3-28

试算平衡表(结转前)

2022 年 01 月 31 日　　　　单位：元

账户名称	期初余额		本期发生额		期末余额	
	借　方	贷　方	借　方	贷　方	借　方	贷　方
库存现金	3 000.00		5 598.40	8 190.00	408.40	
银行存款	300 000.00		566 090.00	168 630.00	697 460.00	
应收票据	15 000.00				15 000.00	
应收账款	150 000.00		178 310.00	328 310.00		
其他应收款			3 000.00	3 000.00		
原材料	189 000.00		61 500.00	218 700.00	31 800.00	
周转材料	3 600.00		1 240.00		4 840.00	
生产成本	20 000.00		247 000.00	267 000.00		
库存商品	185 201.00		267 000.00	254 792.60	197 408.40	
固定资产	4 794 799.00		120 000.00		4 914 799.00	
主营业务成本			254 792.60		254 792.60	
税金及附加			3 770.00		3 770.00	
销售费用			20 000.00		20 000.00	
管理费用			6 049.60		6 049.60	
财务费用			1 000.00		1 000.00	
短期借款		100 000.00				100 000.00
应付账款		58 000.00	58 000.00			
应付职工薪酬				20 000.00		20 000.00
应交税费			9 490.00	50 960.00		41 470.00
实收资本		4 541 450.00				4 541 450.00
制造费用			12 000.00	12 000.00		
盈余公积		251 890.00				251 890.00
利润分配		196 260.00				196 260.00
累计折旧		513 000.00				513 000.00
主营业务收入				363 000.00		363 000.00
营业外收入				120 258.00		120 258.00
合　计	5 660 600.00	5 660 600.00	1 814 840.60	1 814 840.60	6 147 328.00	6 147 328.00

表 1-3-29

试算平衡表(结转后)

2022 年 01 月 31 日　　单位：元

账户名称	借方余额	账户名称	贷方余额
库存现金	408.40	短期借款	100 000.00
银行存款	697 460.00	应付职工薪酬	20 000.00
应收票据	15 000.00	应交税费	90 881.45
原材料	31 800.00	实收资本	4 541 450.00
周转材料	4 840.00	盈余公积	251 890.00
库存商品	197 408.40	本年利润	148 234.35
固定资产	4 914 799.00	利润分配	196 260.00
		累计折旧	513 000.00
合　计	5 861 715.80	合　计	5 861 715.80

3-10　项目三参考答案

项目四　会计报表编制实训

一、实训目的

会计报表是综合反映会计主体财务状况和经营成果的书面文件，它是根据日常会计核算资料归类、整理和汇总后编制形成的，是会计核算的最终成果。学生通过实训，应明确资产负债表和利润表的理论基础，熟悉资产负债表、利润表的基本结构和填制资料来源，掌握资产负债表、利润表编制和报送的基本操作技能(现金流量表等其他会计报表不在实训范围内)。

课程思政 学生通过实训，可以培养规则意识和职业敬畏心；培养会计报表编制能力和自律守信的观念；坚守会计职业道德。

二、实训要求

在项目三实训五“期末转账与结账实训”基础上，根据已知资料编制 2022 年 1 月 31 日的资产负债表和 2022 年 1 月份的利润表。

三、实训提示

(1) 资产负债表是根据期末余额资料编制的静态报表。在编制过程中，学生应注意报表中特殊项目的列示方法。

(2) 利润表是根据企业报告期发生额资料编制的动态报表。在编制过程中，学生应注意报表中特殊项目的列示方法。

四、实训资料

(1) 本实训是在项目三中的实训二“账簿登记实训”和实训五“期末转账与结账实训”基础上的延续。

(2) 资产负债表见表 1-4-1。

(3) 利润表见表 1-4-2。

视频

4-1　资产负债表的编制

表 1-4-1

资 产 负 债 表

会企 01 表

编制单位：　　　　　　　　______年____月____日　　　　　　　　单位：元

资　　　产	期末余额	上年年末余额	负债和所有者权益(或股东权益)	期末余额	上年年末余额
流动资产：			流动负债：		
货币资金			短期借款		

（续表）

资　　产	期末余额	上年年末余额	负债和所有者权益（或股东权益）	期末余额	上年年末余额
交易性金融资产			交易性金融负债		
衍生金融资产			衍生金融负债		
应收票据			应付票据		
应收账款			应付账款		
应收款项融资			预收款项		
预付款项			合同负债		
其他应收款			应付职工薪酬		
存　货			应交税费		
合同资产			其他应付款		
持有待售资产			持有待售负债		
一年内到期的非流动资产			一年内到期的非流动负债		
其他流动资产			其他流动负债		
流动资产合计			流动负债合计		
非流动资产：			非流动负债：		
债权投资			长期借款		
其他债权投资			应付债券		
长期应收款			其中：优先股		
长期股权投资			永续债		
其他权益工具投资			租赁负债		
其他非流动金融资产			长期应付款		
投资性房地产			预计负债		
固定资产			递延收益		
在建工程			递延所得税负债		
生产性生物资产			其他非流动负债		
油气资产			非流动负债合计		
使用权资产			负债合计		
无形资产			所有者权益（或股东权益）：		
开发支出			实收资本（或股本）		
商誉			其他权益工具		
长期待摊费用			其中：优先股		
递延所得税资产			永续债		
其他非流动资产			资本公积		
非流动资产合计			减：库存股		
			专项储备		
			其他综合收益		
			盈余公积		
			未分配利润		
			所有者权益（或股东权益）合计		
资产总计			负债和所有者权益（或股东权益）总计		

表 1-4-2

利 润 表

4-2 利润表的编制

会企 02 表

编制单位：　　　　　　　　　　　　______年____月　　　　　　　　　　单位：元

项　　　　目	本 期 金 额	上 期 金 额
一、营业收入		
减：营业成本		
税金及附加		
销售费用		
管理费用		
研发费用		
财务费用		
其中：利息费用		
利息收入		
加：其他收益		
投资收益(损失以"－"号填列)		
其中：对联营企业和合营企业的投资收益		
以摊余成本计量的金融资产终止确认收益(损失以"－"号填列)		
净敞口套期收益(损失以"－"号填列)		
公允价值变动收益(损失以"－"号填列)		
信用减值损失(损失以"－"号填列)		
资产减值损失(损失以"－"号填列)		
资产处置收益(损失以"－"号填列)		
二、营业利润(亏损以"－"号填列)		
加：营业外收入		
减：营业外支出		
三、利润总额(亏损总额以"－"号填列)		
减：所得税费用		
四、净利润(净亏损以"－"号填列)		
(一) 持续经营净利润(净亏损以"－"号填列)		
(二) 终止经营净利润(净亏损以"－"号填列)		
五、其他综合收益的税后净额		
(一) 不能重分类进损益的其他综合收益		
1. 重新计量设定受益计划变动额		

（续表）

项　　　　目	本 期 金 额	上 期 金 额
2. 权益法下不能转损益的其他综合收益		
3. 其他权益工具投资公允价值变动		
4. 企业自身信用风险公允价值变动		
……		
（二）将重分类进损益的其他综合收益		
1. 权益法下可转损益的其他综合收益		
2. 其他债权投资公允价值变动		
3. 金融资产重分类计入其他综合收益的金额		
4. 其他债权投资信用减值准备		
5. 现金流量套期储备		
6. 外币财务报表折算差额		
……		
六、综合收益总额		
七、每股收益：		
（一）基本每股收益		
（二）稀释每股收益		

五、实训结果提示

填列好的资产负债表和利润表见表 1-4-3 和表 1-4-4。

表 1-4-3

资 产 负 债 表

会企 01 表

编制单位：广州远大有限责任公司　2022 年 01 月 31 日　　单位：元

资　　产	期末余额	上年年末余额	负债和所有者权益（或股东权益）	期末余额	上年年末余额
流动资产：			流动负债：		
货币资金	697 868.40	303 000.00	短期借款	100 000.00	100 000.00
交易性金融资产			交易性金融负债		
衍生金融资产			衍生金融负债		
应收票据	15 000.00	15 000.00	应付票据		
应收账款		150 000.00	应付账款		58 000.00
应收款项融资			预收款项		
预付款项			合同负债		
其他应收款			应付职工薪酬	20 000.00	

（续表）

资　　产	期末余额	上年年末余额	负债和所有者权益（或股东权益）	期末余额	上年年末余额
存 货	234 048.40	397 801.00	应交税费	90 881.45	
合同资产			其他应付款		
持有待售资产			持有待售负债		
一年内到期的非流动资产			一年内到期的非流动负债		
其他流动资产			其他流动负债		
流动资产合计	946 916.80	865 801.00	流动负债合计	210 881.45	158 000.00
非流动资产：			非流动负债：		
债权投资			长期借款		
其他债权投资			应付债券		
长期应收款			其中:优先股		
长期股权投资			永续债		
其他权益工具投资			租赁负债		
其他非流动金融资产			长期应付款		
投资性房地产			预计负债		
固定资产	4 401 799.00	4 281 799.00	递延收益		
在建工程			递延所得税负债		
生产性生物资产			其他非流动负债		
油气资产			非流动负债合计		
使用权资产			负债合计	210 881.45	158 000.00
无形资产			所有者权益(或股东权益)：		
开发支出			实收资本(或股本)	4 541 450.00	4 541 450.00
商誉			其他权益工具		
长期待摊费用			其中：优先股		
递延所得税资产			永续债		
其他非流动资产			资本公积		
非流动资产合计	4 401 799.00	4 281 799.00	减:库存股		
			专项储备		
			其他综合收益		
			盈余公积	251 890.00	251 890.00
			未分配利润	344 494.35	196 260.00
			所有者权益(或股东权益)合计	5 137 834.35	4 989 600.00
资产总计	5 348 715.80	5 147 600.00	负债和所有者权益(或股东权益)总计	5 348 715.80	5 147 600.00

表 1-4-4

利 润 表

会企 02 表

编制单位：广州远大有限责任公司　　2022 年 01 月　　单位：元

项　　目	本期金额	上期金额
一、营业收入	363 000.00	（略）
减：营业成本	254 792.60	
税金及附加	3 770.00	
销售费用	20 000.00	
管理费用	6 049.60	
研发费用		
财务费用	1 000.00	
其中：利息费用	1 000.00	
利息收入		
加：其他收益		
投资收益（损失以“－”号填列）		
其中：对联营企业和合营企业的投资收益		
以摊余成本计量的金融资产终止确认收益（损失以“－”号填列）		
净敞口套期收益（损失以“－”号填列）		
公允价值变动收益（损失以“－”号填列）		
信用减值损失（损失以“－”号填列）		
资产减值损失（损失以“－”号填列）		
资产处置收益（损失以“－”号填列）		
二、营业利润（亏损以“－”号填列）	77 387.80	
加：营业外收入	120 258.00	
减：营业外支出		
三、利润总额（亏损总额以“－”号填列）	197 645.80	
减：所得税费用	49 411.45	
四、净利润（净亏损以“－”号填列）	148 234.35	
（一）持续经营净利润（净亏损以“－”号填列）		
（二）终止经营净利润（净亏损以“－”号填列）		
五、其他综合收益的税后净额		
（一）不能重分类进损益的其他综合收益		

（续表）

项目	本期金额	上期金额
1. 重新计量设定受益计划变动额		
2. 权益法下不能转损益的其他综合收益		
3. 其他权益工具投资公允价值变动		
4. 企业自身信用风险公允价值变动		
……		
（二）将重分类进损益的其他综合收益		
1. 权益法下可转损益的其他综合收益		
2. 其他债权投资公允价值变动		
3. 金融资产重分类计入其他综合收益的金额		
4. 其他债权投资信用减值准备		
5. 现金流量套期储备		
6. 外币财务报表折算差额		
……		
六、综合收益总额	148 234.35	
七、每股收益：		
（一）基本每股收益		
（二）稀释每股收益		

重点说明：企业编制的会计报表应当真实可靠、相关可比、全面完整、编报及时、易于理解。

注：假定所得税税率为25%。

4-3 项目四参考答案

模块二 综合模拟实训

一、模拟实训企业简介①

（一）基本情况

企业名称:郑州大象食品有限公司

地址:郑州市二七区花园路110号

邮编:451010

法人代表:张人杰

开户银行:中国工商银行郑州分行

账号:03716610011

统一社会信用代码:112233567890110110

记账本位币:人民币(RMB)

企业其他情况:食品类生产加工法人企业,属中小型企业,为增值税一般纳税人,增值税税率为13%;设一个基本生产车间,生产方便面和龙须面两种产品;采用科目汇总表核算程序;原材料按实际成本法核算,发出商品成本核算采用加权平均法,固定资产采用分类折旧率计算折旧,无形资产摊销期10年,企业所得税会计核算采用应付税款法,所得税税率为25%,当月投产的产品当月完工,月末没有在产品。核定的库存现金限额为5 000元;日常开支审批程序:部门主管初审签字—企业法人代表终审签字;100元以下日常开支审批程序:部门主管初审签字—财务主管终审签字。

（二）有关档案

有关档案见表2-1至表2-3。

表2-1

供应商档案

编　号	单位名称	开户银行	账　号	统一社会信用代码
01	郑州海天面粉有限公司	工行郑南支行	1002288009	222000111400500000
02	广西民生植物油公司	商行北海支行	7002118881	600066641221133333
03	郑州美味调料品商行	工行郑州分行	1110003232	100221100330011111

① 模拟企业及其经济业务纯属虚构,如有雷同,纯属巧合。

表 2-2

客户往来档案

编　号	单 位 名 称	开户银行	账　　号	统一社会信用代码
01	河南利民贸易公司	工行郑州分行	1110022555	100331102200333333
02	南阳大明贸易公司	商行南阳分行	3003366006	037755660011100100
03	郑州阳光粮油店	商行郑北支行	5800443688	037188833300012000
04	上海市光明机床厂	工行上海支行	1220011455	114455522320000188
04	郑州市北郊电业局管理处	工行花园支行	110-12456231	250013545646455111
05	郑州市路砦水厂	建行郑州分行	4112058795	312012002341125222

表 2-3

郑州大象食品有限公司职员档案

职员编号	职 员 名 称	职　　务	所 属 部 门
01	张人杰	总经理	公司办公室
02	刘天庆	副总经理	公司办公室
03	李士敏	办公室主任	公司办公室
04	王　娟	办公室秘书	公司办公室
05	王大力	账务部经理	财务部
06	赵中华	会计主管	财务部
07	张迪海	出纳	财务部
08	王　楠	供应部经理	供应部
09	杨宏天	采购员	供应部
10	杨　兰	仓库负责人	供应部
11	江　山	保管员	供应部
12	刘付才	生产部经理	生产部
13	孙天富	生产部职员	生产部
14	李　强	销售部经理	销售部
15	李红洋	销售部业务员	销售部
16	其他职员	（略）	（略）

二、实训目的

基础会计综合模拟实训是在各单项模拟实训的基础上进行的，其目的是使学生对会计实务中的各种原始凭证和记账凭证，尤其是对记账凭证的填写和编制、不同格式账簿的登记和结账等一系列的会计基础工作，有一个系统、全面的认识，最终将学生所学的基础会计知识转化为对会计实务的基本操作能力，为进一步学习财务会计打下坚实的基础。

课程思政 学生通过实训，可以培养爱国敬业的意识，增强“四个自信”，培育和践行社会主义核心价值观；培养遵纪守法、廉洁自律、依法纳税意识，增强社会责任感；培养诚实守信、不做假账的良好会计品格；树立严谨细致、精益求精的工匠精神；增强团队协作意识和自我管理能力；树立质量意识、管理观念；提高信息素养、数据思维和会计职业判断能力；养成积极思考、认真工作、勇于探索的创新思维习惯和职业生涯规划能力；实现培养品德高尚、技能精湛、坚守准则、勇于创新的高素质技能人才目标。

三、实训要求

根据给出的企业资料，采用科目汇总表账务处理程序对该企业 2022 年 12 月的经济业务进行账务处理。

（1）设置各类账簿，过入期初余额。

（2）根据经济业务，填制和审核原始凭证。

（3）根据原始凭证，编制记账凭证。

（4）根据记账凭证，登记日记账和相关明细账。

（5）根据记账凭证，编制科目汇总表(按旬汇总)。

（6）根据科目汇总表，登记总账。

（7）核对总账和日记账、总账和明细账。

（8）编制期末结账前的试算平衡表。

（9）进行期末转账和结账。

（10）编制结账后的试算平衡表。

（11）编制资产负债表和利润表。

（12）装订凭证和账簿。

四、实训提示

首先应熟悉企业的概况，复习科目汇总表账务处理程序的要求和做法；其次按照程序的步骤进行相关的账务处理。

五、实训资料

（一）总账及明细账余额

郑州大象食品有限公司2022年11月30日的总分类账及各明细分类账余额见表2-4至表2-13。

表2-4

总分类账余额表

2022年11月30日　　单位：元

账户名称	账户余额	账户名称	账户余额
库存现金	5 000.00	短期借款	500 000.00
银行存款	360 000.00	应付账款	103 896.00
应收账款	53 913.60	其他应付款	600.00
其他应收款	2 364.00	应付职工薪酬	34 720.00
原材料	246 400.00	应交税费	16 980.00
库存商品	482 976.00	应付利息	10 000.00
周转材料	18 920.00	实收资本	954 837.00
预付账款	600.00	资本公积	23 000.00
固定资产	1 845 760.00	盈余公积	250 300.60
无形资产	300 000.00	本年利润	470 000.00
		利润分配	190 000.00
		累计折旧	586 600.00
		累计摊销	175 000.00
合计	3 315 933.60	合计	3 315 933.60

注：其他应收款是公司为职工代垫的水电费。

表 2-5

原材料明细分类账

2022 年 11 月 30 日　　　　金额单位:元

材料名称	数　量	单　价	金　额
面　粉(吨)	50	2 200.00	110 000.00
棕榈油(吨)	10	11 600.00	116 000.00
调味料(箱)	30	680.00	20 400.00

表 2-6

库存商品明细分类账

2022 年 11 月 30 日　　　　金额单位:元

产品名称	数　量(箱)	单　价	金　额
方便面	12 320	28.80	354 816.00
龙须面	5 340	24.00	128 160.00

表 2-7

周转材料明细分类账

2022 年 11 月 30 日　　　　金额单位:元

品　名	规　格	单　位	数　量	单　价	金　额
油　桶	1×0.6	只	30	460.00	13 800.00
办公桌	三斗两开	张	16	320.00	5 120.00

表 2-8

应收账款明细分类账

2022 年 11 月 30 日

单　位	金　额(元)
利民贸易公司	37 065.60
大明贸易公司	16 848.00

表 2-9

应付账款明细分类账

2022 年 11 月 30 日

单　位	金　额(元)
海天面粉有限公司	36 036.00
民生植物油公司	67 860.00

表 2-10

应付职工薪酬明细分类账

2022 年 11 月 30 日

明细账户	金额(元)
工资	28 000.00
住房公积金	2 800.00
社会保险费	3 920.00

表 2-11

应交税费明细分类账

2022 年 11 月 30 日

明细账户	金额(元)
应交增值税	9 800.00
应交城市维护建设税	686.00
应交教育费附加	294.00
应交所得税	6 200.00

表 2-12

预付账款明细分类账

2022 年 11 月 30 日

项目	金额(元)
报刊费	600.00

表 2-13

应付利息明细分类账

2022 年 11 月 30 日

项目	金额(元)
借款利息	10 000.00

表 2-14

其他应付款明细分类账

2022 年 11 月 30 日

单位(个人)	金额(元)	备注
郑州阳光粮油店	600.00	出租两只油桶的押金

（二）原始凭证

郑州大象食品有限公司2022年12月份发生的经济业务如下：

(1) 2日,从银行提取现金备用(原始凭证见表2-15)。

(2) 4日,用现金预付销售部业务员李红洋差旅费(原始凭证见表2-16)。

(3) 4日,生产车间领用材料(原始凭证见表2-17和表2-18)。

(4) 5日,上交上月税款(原始凭证见表2-19至表2-22)。

(5) 6日,收到购货单位前欠货款存银行(原始凭证见表2-23和表2-24)

(6) 7日,用现金购买办公用品,各部门已领(原始凭证见表2-25和表2-26)。

(7) 8日,从银行提现金以备发工资(原始凭证见表2-27)。

(8) 8日,发放上月职工工资(原始凭证见表2-28)。

(9) 9日,采购原材料,验收入库(原始凭证见表2-29至表2-31)(发票抵扣联略,以下同)。

(10) 10日,销售商品(原始凭证见表2-32至表2-34)。

(11) 11日,销售商品(原始凭证见表2-35至表2-37)。

(12) 13日,支付广告费(原始凭证见表2-38和表2-39)。

(13) 15日,李红洋报销差旅费(原始凭证见表2-40至表2-44)。

(14) 16日,支付电话费(原始凭证见表2-45和表2-46)。

(15) 18日,支付前欠购货款(原始凭证见表2-47)。

(16) 19日,销售面粉(原始凭证见表2-48和表2-50)。

(17) 20日,职工孙天富上交的罚款(原始凭证见表2-51)。

(18) 23日,采购原材料,验收入库款未付(原始凭证见表2-52和表2-53)。

(19) 25日,生产领用原材料(原始凭证见表2-54和表2-55)。

(20) 26日,上交职工的住房公积金、社会保险金、个人所得税(包括代扣个人部分,注:单位上交以当月职工工资为基数,分别为住房公积金10%;社会保险金14%)(原始凭证见表2-56至表2-57)。

(21) 26日,接受某外商捐赠畅想牌计算机10台,每台市价为4 600元,人民币现金250 000元,假设不考虑所得税和增值税(原始凭证见表2-58至表2-60)。

(22) 26日,通过希望工程基金会向灾区捐款人民币30 000元(原始凭证见表2-61和表2-62)。

(23) 26日,收到南阳大明贸易公司前欠货款存银行(原始凭证见表2-63)。

(24) 26日,支付前欠郑州海天面粉有限公司的购货款(原始凭证见表2-64和表2-65)。

(25) 27日,向上海市光明机床厂购入全新固定资产车床一台(原始凭证见表2-66至表2-68)。

(26) 27日,预订下年度的报刊,用银行存款支付(原始凭证见表2-69和表2-70)。

(27) 27日,盘点现金长款620元,经批准计入营业外收入(原始凭证见表2-71和表2-72)。

(28) 27 日,盘点发现盘亏面粉 6 袋,计 150 千克,龙须面盘亏 3 箱,经调查,盘亏的面粉和龙须面是因保管员的失职造成的(原始凭证见表 2-73)。

(29) 28 日,将零售方便面,龙须面收到的现金交存银行,并结转销售收入(原始凭证见表 2-74 至 表 2-78)。

(30) 28 日,支付本月水电费(原始凭证见表 2-79 至表 2-83)。

(31) 28 日,摊销本月报刊费(原始凭证见表 2-84)。

(32) 29 日,销售产品(原始凭证见表 2-85 至表 2-87)。

(33) 30 日,支付本月银行借款利息(注:银行按季收取利息)(原始凭证见表 2-88)。

(34) 31 日,结算本月职工工资(原始凭证见表 2-89)。

(35) 31 日,本月各部门实际发生职工福利费如表(注:职工福利费现行政策是:按实际发生数列支,实际列支数上限是职工工资总额的 14%)(原始凭证见表 2-90)。

(36) 31 日,计提本月工会经费和职工教育经费(原始凭证见表 2-91)。

(37) 31 日,郑州阳光粮油店归还所借油桶,退还其押金(原始凭证见表 2-92)。

(38) 31 日,计提本月固定资产折旧(原始凭证见表 2-93)。

(39) 31 日,无形资产摊销额计算表(原始凭证见表 2-94)。

(40) 31 日,分配制造费用(原始凭证见表 2-95)。

(41) 31 日,结转入库的完工产品的成本,方便面为 10 000 箱,龙须面为 5 000 箱(原始凭证见表 2-96 至表 2-98)。

(42) 31 日,结转本月销售成本(原始凭证见表 2-99 和表 2-100)。

(43) 31 日,计算应交增值税(原始凭证见表 2-101)。

(44) 31 日,计算应交教育费附加(税率 3%)和应交城市维护建设税(税率 7%)(原始凭证见表 2-102 和表 2-103)。

(45) 31 日,编制科目汇总表;登记总分类账。

(46) 31 日,结转各损益类账户(原始凭证见表 2-104)。

(47) 31 日,根据本月利润总额,按 25%的税率计算结转应交所得税(原始凭证见表 2-105)。

(48) 31 日,按税后利润的 10%提取盈余公积(原始凭证见表 2-106)。

(49) 31 日,按可供分配利润的 60%向投资者分配利润(现金股利)(原始凭证见表 2-107)。

(50) 31 日,将“利润分配”账户的其他明细账户结转至“利润分配——未分配利润”明细账户。

业务 1

表 2-15

中国工商银行 现金支票存根 （豫）
Ⅶ 00131200
附加信息：
出票日期：2022 年 12 月 02 日
收款人：郑州大象食品有限公司
金　额：¥3 000.00
用　途：备用
单位主管：　　会计：赵中华

（印章：郑州大象食品……财务专……）

业务 2

表 2-16

借　款　单

2022 年 12 月 04 日　　　　№0703002

借款单位	销售部	借款人	李红洋
借款事由	去广西北海参加商品订货会		
借款金额(大写)：人民币叁仟贰佰元整		(小写)¥3 200.00	
付款方式：		借款经办人(签章)：	
单位负责人意见：张人杰	分管领导意见：李　强	会计主管审核：王大力	
注意事项：1. 凡借用公款必须使用本借款单。 2. 出差返回后 3 日内办理结算。 3. 本借款单一式三联， 本联为记账联。			

业务 3-1

表 2-17

领 料 单

2022 年 12 月 04 日

领料部门：车间　　用途：生产方便面　　凭证编号：001

材料编号	材料名称	规 格	计量单位	数 量		单价(元)	金额(元)
				请 领	实 发		
10431	面粉		吨	30	30	2 200.00	66 000.00
10432	棕榈油		吨	5	5	11 600.00	58 000.00
10433	调味料		箱	10	10	680.00	6 800.00
备注：						金额合计	130 800.00

第三联 记账联

仓库主管：杨 兰　发料：江 山　记账：　领料人：孙天富　制单：江 山　仓库(章)：

业务 3-2

表 2-18

领 料 单

2022 年 12 月 04 日

领料部门：车间　　用途：生产龙须面　　凭证编号：002

材料编号	材料名称	规 格	计量单位	数 量		单价(元)	金额(元)
				请 领	实 发		
10431	面粉		吨	20	20	2 200.00	44 000.00
备注：						金额合计	44 000.00

第三联 记账联

仓库主管：杨 兰　发料：江 山　记账：　领料人：孙天富　制单：江 山　仓库(章)：

业务 4-1

表 2-19

中华人民共和国 税收通用缴款书

国

隶属关系：市属　　　　(2022)郑国通缴№07039895

注册类型：有限公司

填发日期：2022 年 12 月 05 日　征收机关：郑州市国税局市直分局

无银行收讫章无效

缴款单位（人）			预算科目		
	代码	365237411556		编码	703083
	全称	郑州大象食品有限公司		名称	一般增值税
	开户银行	工行郑州支行		级次	中央 75%地方 25%
	账号	03716610011	收款国库		郑州市国库
税款所属时期	2022 年 11 月 01 日至 2022 年 11 月 30 日		税款限缴日期	2022 年 12 月 10 日	

品目名称	课税数量（箱）	计税金额或销售收入	税率或单位税额	已缴或扣除金额	实缴金额 亿	千	百	十	万	千	百	十	元	角	分
方便面	1 549	44 611.20	13%							5	8	0	0	0	0
龙须面	1 282	30 768.00	13%							4	0	0	0	0	0
城市维护建设税	随增值税、消费税的税额征收 7%										6	8	6	0	0
教育费附加	随增值税、消费税的税额征收 3%										2	9	4	0	0
金额合计（大写）壹万零柒佰捌拾元整								¥	1	0	7	8	0	0	0

缴款单位（人）（盖章）经办人（章）	税务机关（盖章）填票人（章）	上列款项已收妥并划转收款单位账户 国库（银行）盖章 年 月 日	备注：

第一联（收据）国库（经收处）收款盖章后退缴款单位（人）作完税凭证

逾期不缴按税法规定加收滞纳金

业务 4-2

表 2-20

中华人民共和国税收缴款书

隶属关系：　　　　填发日期：2022 年 12 月 05 日

经济类型：国有　　自填发日期起限于 2022 年 12 月 10 日以前缴入国库，逾期按税法规定加收滞纳金

缴款单位			征收机关		×××××××××××××			
	代码	00112256						
	全称	郑州大象食品有限公司	预算科目	级次	××××××			
	开户银行	工行郑州支行		款	代码 0211	×××	名称 所得税	×××
	账号	03716610011		项	代码	×××	名称	×××
款项所属期限	2022 年 11 月 01～30 日		收缴国库		×××××××××××××			

品（项）目名称	单位	课税数量	计税金额或销售收入	税率或单位税额	已缴或扣除额	实缴税额 千	百	十	万	千	百	十	元	角	分
所得税	元		24 800.00	25%	0					6	2	0	0	0	0
实缴税额合计	人民币（大写）陆仟贰佰元整								¥	6	2	0	0	0	0

税务机关（盖章）填票员：	缴款单位（盖章）	上列款项已从缴款单位账户支付并划转有关预算收入账户，收缴国库盖章（银行） 年 月 日	会计分录 借方： 贷方： 转账日期 年 月 日 复核员： 记账员：	备注：

工商银行郑州支行 2022-12-05 转讫

说明：票面出现"×××"符号，表示已按实际内容填写。

业务 4-3

表 2-21

中国工商银行 转账支票存根 （豫）
Ⅶ 00963420
附加信息：
出票日期：2022 年 12 月 06 日
收款人：郑州市地税局直属分局
金 额：¥6 200.00
用 途：11 月份税款
单位主管： 会计：赵中华

业务 4-4

表 2-22

中国工商银行 转账支票存根 （豫）
Ⅶ 00963421
附加信息：
出票日期：2022 年 12 月 06 日
收款人：郑州市国税局直属分局
金 额：¥10 780.00
用 途：11 月份税款
单位主管： 会计：赵中华

业务 5-1

表 2-23

收　据

2022 年 12 月 06 日　　　　No017503

今收到河南利民贸易公司				
人民币（大写）叁万柒仟零陆拾伍元陆角整		现金收讫		（小写）¥37 065.60
系付购货款				
收款单位签章	财务主管	王大力	收款人	张迪海

第二联 收款单位记账联

业务 5-2

表 2-24

中国工商银行进账单（收账通知）　3

2022 年 12 月 06 日

出票人	全 称	河南利民贸易公司	收款人	全 称	郑州大象食品有限公司
	账 号	1110022555		账 号	03716610011
	开户银行	工行郑州分行		开户银行	工行郑州分行
金额	人民币（大写）	叁万柒仟零陆拾伍元陆角整	亿千百十万千百十元角分		¥ 3 7 0 6 5 6 0
票据种类	转账支票	票据张数 1			
票据号码					
	复核	记账	工商银行郑州分行 2022-12-06 转讫	收款人开户银行签章	

此联是收款人开户银行交给收款人的收账通知

业务 6-1

表 2-25

河南省郑州市商业零售统一发票

发　票　联

客户名称：郑州大象食品有限公司　2022 年 12 月 07 日

品名规格	单　位	数　量	单　价	金额 万	千	百	十	元	角	分
灰斗		20	32.00			6	4	0	0	0
拖把	把	36	24.00			8	6	4	0	0
合计人民币（大写）	壹仟伍佰零肆元整			¥	1	5	0	4	0	0

②发票联

单位盖章：　开票人：王　虎　　收款人：朱　丽

业务 6-2

表 2-26

办公用品领用表

2022 年 12 月 07 日　　金额单位：元

领用车间或部门	领发数量 灰　斗	拖　把			金　额
车　间	6	8			384.00
销售部门	3	5			216.00
其他部门	11	23			904.00
合　计	20	36			1 504.00

审核：李士敏　　制表：王　娟

业务 7

表 2-27

中国工商银行
现金支票存根（豫）

Ⅶ 00131201

附加信息：

出票日期：2022 年 12 月 08 日

收款人：郑州大象食品有限公司

金　额：¥19 756.00

用　途：发工资

单位主管：　会计：赵中华

业务 8

表 2-28

工 资 结 算 表

2022 年 12 月　　　　金额单位：元

姓名	计时工资	计件工资	奖金	津贴补贴	加班加点	应付工资	代垫款	代扣款			实发工资
							水电费	住房公积金（10%）	社会保险费（11%）	个人所得税	
张人杰	1 982		150	25		2 157	215	215.7	237.27		1 489.03
刘天庆	1 765		100	20		1 885	248	188.5	207.35		1 241.15
李士敏	1 596		80	20		1 696		169.6	186.56		1 339.84
王　娟	1 220		80	20		1 320	15	132.0	145.20		1 027.80
王大力	1 442		100	20	60	1 622		162.2	178.42		1 281.38
赵中华	1 363		80	20	43	1 506	324	150.6	165.66		865.74
张迪海	1 228		80	20	45	1 373	256	137.3	151.03		828.67
王　楠	1 545		100	20		1 665		166.5	183.15		1 315.35
杨　兰	1 354		80	20		1 454	219	145.4	159.94		929.66
江　山	1 273		80	20		1 373		137.3	151.03		1 084.67
杨宏天	1 543		80	30	63	1 716	198	171.6	188.76		1 157.64
李　强	1 323		80	30	25	1 458	421	145.8	160.38		730.82
李红洋	1 190		80	30	12	1 312		131.2	144.32		1 036.48
刘付才	1 264		80	30	52	1 426	253	142.6	156.86		873.54
孙天富	1 165		80	30	12	1 287	215	128.7	141.57		801.73
其他（略）		3 910	680	160		4 750		475.0	522.50		3 752.50
合　计	21 253	3 910	2 010	515	312	28 000	2 364	2 800.0	3 080.00		19 756.00

业务 9-1

表 2-29

中国工商银行
转账支票存根　（豫）

Ⅶ 00963422

附加信息：

出票日期：2022 年 12 月 09 日

收款人：	郑州海天面粉有限公司
金　额：	￥99 440.00
用　途：	采购材料

单位主管：　　会计：李　明

业务 9-2

表 2-30

河南增值税专用发票

（统一发票监 国家税务总局 发票联 河南省税务局）

№01616888

校验码 112264613635987　　开票日期：2022 年 12 月 09 日

购买方	名　称：郑州大象食品有限公司 纳税人识别号：112233567890110110 地 址 、电 话：郑州市二七区花园路 110 号 开户行及账号：工行郑州支行 03716610011				密码区	（略）	
货物或应税劳务、服务名称	规格型号	单 位	数 量	单 价	金　额	税 率	税　额
面粉	标粉	吨	40	2200.00	88000.00	13%	11440.00
合　计					￥88000.00		￥11440.00
价税合计(大写)	⊗玖万玖仟肆佰肆拾元整				（小写）￥99 440.00		
销售方	名　称：郑州海天面粉有限公司 纳税人识别号：222000111400500000 地 址 、电 话：郑州市邙山区项城路 20 号 开户行及账号：工行郑南支行 1002288009				备注	（郑州海天面粉有限公司 222000111400500000 发票专用章）	

收款人：周　楠　　复核：程　路　　开票人：周　楠　　销售方(章)：

第三联：发票联　购买方记账凭证

业务 9-3

表 2-31

收　料　单

材料类别：甲

供应单位：供应部　　仓库：一号库

发票号码：01616888　　2022 年 12 月 09 日　　材料科目：

材料编号	材料名称	规格	计量单位	数量		实际成本(元)			
				应　收	实　收	单　价	金　额	运杂费	合　计
10431	面粉	标粉	吨	40	40	2 200.00	88 000.00		88 000.00
合　计				40	40		88 000.00		88 000.00

仓库主管：杨　兰　验收：杨　兰　记账：赵中华　交料人：李红洋　制单：江　山　仓库(章)：

第三联　记账联

业务 10-1

表 2-32

河南增值税专用发票

№01616666

此联不作报销、扣税凭证使用

（全国统一发票监制章 国家税务总局 河南省税务局）

校验码 112264613635987　　　　开票日期：2022 年 12 月 10 日

购买方	名　　称：南阳大明贸易公司 纳税人识别号：037755660011100100 地 址 、电 话：南阳市北京路 50 号 开户行及账号：商行南阳支行 3003366006				密码区	（略）	
货物或应税劳务、服务名称	规格型号	单 位	数 量	单 价	金　额	税 率	税　额
方便面	1×24	箱	6000	38.00	228000.00	13%	29640.00
龙须面	1×20	箱	3000	32.00	96000.00	13%	12480.00
合　计					￥324000.00		￥42120.00
价税合计（大写）	⊗叁拾陆万陆仟壹佰贰拾元整				（小写）￥366120.00		
销售方	名　　称：郑州大象食品有限公司 纳税人识别号：112233567890110110 地 址 、电 话：郑州市二七区花园路 110 号 开户行及账号：工行郑州支行 03716610011				备注		

收款人：张迪海　　复核：赵中华　　开票人：李　强　　销售方（章）：

第一联：记账联　销售方记账凭证

业务 10-2

表 2-33

托 收 凭 证（受理回单）　　1

委托日期 2022 年 12 月 10 日　　付款期限 2022 年 12 月 20 日

业务类型	委托收款（□邮划、□电划）托收承付（□邮划、☑电划）						
付款人	全称	南阳大明贸易公司		收款人	全称	郑州大象食品有限公司	
	账号	3003366006			账号	03716610011	
	地址	南阳市北京路 50 号	开户行：商业银行南阳分行		地址	郑州市二七区花园路 110 号	开户行：工行郑州支行
金额	人民币（大写）叁拾陆万陆仟壹佰贰拾元整			亿 千 百 十 万 千 百 十 元 角 分		￥ 3 6 6 1 2 0 0 0	
款项内容	销售款	托收凭证名称	增值税专用发票	附寄单证张数	1		
商品发运情况	已发出			合同名称号码	3010		
备注： 复核　　记账		上列款项已划回收入你方账户内。 收款人开户银行签章 2022 年 12 月 10 日					

此联作收款人的开户行给收款人的受理回单

业务 10-3

表 2-34

产品出库单

2022 年 12 月 10 日

品　名	计量单位	发出数量	备　注
方便面	箱	6 000	
龙须面	箱	3 000	

仓库负责人：杨　兰　　发货人：江　山　　经办人：李红洋

业务 11-1

表 2-35

产品出库单

2022 年 12 月 11 日

品　名	计量单位	发出数量	备　注
方便面	箱	5 000	
龙须面	箱	2 000	

仓库负责人：杨　兰　　发货人：江　山　　经办人：李红洋

业务 11-2

表 2-36

河南增值税专用发票

№01616000

此联不作报销、扣税凭证使用

（印章：全国统一发票监制章 国家税务总局 河南省税务局）

校验码 112264613635556　　开票日期：2022 年 12 月 11 日

购买方	名　称：河南利民贸易公司 纳税人识别号：100331102200333333 地 址 、电 话：郑州市陇海区正阳路 3 号 开户行及账号：工行郑州分行 1110022555				密码区	（略）	
货物或应税劳务、服务名称	规格型号	单 位	数 量	单 价	金　额	税 率	税　额
方便面	1×24	箱	5000	38.00	190000.00	13%	24700.00
龙须面	1×20	箱	2000	32.00	64000.00	13%	8320.00
合　计					￥254000.00		￥33020.00
价税合计（大写）	⊗贰拾捌万柒仟零贰拾元整				（小写）￥287020.00		
销售方	名　称：郑州大象食品有限公司 纳税人识别号：112233567890110110 地 址 、电 话：郑州市二七区花园路 110 号 开户行及账号：工行郑州支行 03716610011				备注		

第一联：记账联　销售方记账凭证

收款人：张迪海　　复核：赵中华　　开票人：李　强　　销售方（章）：

业务 11-3

表 2-37

中国工商银行进账单(收账通知) 3

2022 年 12 月 11 日

出票人	全　称	河南利民贸易公司	收款人	全　称	郑州大象食品有限公司
	账　号	1110022555		账　号	03716610011
	开户银行	工行郑州分行		开户银行	工行郑州支行

金额	人民币(大写)	亿	千	百	十	万	千	百	十	元	角	分
	贰拾捌万柒仟零贰拾元整			¥	2	8	7	0	2	0	0	0

票据种类	支　票	票据张数	1
票据号码	08112012		

复核　　记账

工商银行郑州支行 2022-12-11 转讫

收款人开户银行签章

此联是收款人开户银行交给收款人的收账通知

业务 12-1

表 2-38

中国工商银行
转账支票存根 (豫)

Ⅶ 00963423

附加信息：

郑州大象食品… 财务专…

出票日期：2022 年 12 月 13 日

收款人：河南省电视台

金　额：¥36 000.00

用　途：广告费

单位主管：　会计：赵中华

业务 12-2

表 2-39

河南省郑州市广告业专用发票

发 票 联

客户名称：郑州大象食品有限公司 2022年12月12日 №0065421

项目	单位	数量	单价(元)	金额(元) 万	千	百	十	元	角	分
产品广告费	月	3	12 000.00	3	6	0	0	0	0	0
合计金额(大写)叁万陆仟元整				3	6	0	0	0	0	0

单位盖章：（河南省电视台 发票专用章） 收款人：吴天 开票人：吴天

（全国统一发票监制章 国家税务总局 河南省税务局）

业务 13-1

表 2-40

差旅费报销单

2022年12月15日 金额单位:元

出差人：李红洋							职务：业务员					部门：销售部				
出差事由：商品展销会												审批人：张人杰				
起止日期及地点						交通费			住宿费			出差补贴				
月	日	起点	月	日	终点	交通工具	单据张数	金额	标准	天数	金额	项目	人数	天数	补贴标准	金额
12	05	郑州	12	05	北海	火车	1	360								
12	10	北海	12	10	郑州	火车	1	360	150	5	750	生活费	1	6	100	600
合计(大写)：人民币贰仟零柒拾元整												(小写)￥2 070.00				
预支金额	3 200.00		退回金额	1 130.00		补领金额				附单据 3 张						

主管：王大力 复核：赵中华 出纳：张迪海 报销人：李红洋

业务 13-2

表 2-41

北海市服务业专用发票

发　票　联

单位(姓名)：郑州大象食品有限公司　2022 年 12 月 09 日　　No0811023

起止时间	2022 年 12 月 05 日至 2022 年 12 月 09 日										
项　目	楼房号	天　数	单　价	人　数	金额						
					万	千	百	十	元	角	分
住宿费	3#	5	160.00				8	0	0	0	0
合计金额(大写)捌佰元整				小写￥800.00							

②发票联

收款人：陆　豪　　　　开票人：张　三

业务 13-3

表 2-42

郑州 ——► 北海　　郑州　发售

631 次

2022 年 12 月 05 日 6:18 开　11 车 18 号

全价 360.00 元　　新空调硬座特快

限乘当日当次车

李红洋　4101031985＊＊＊＊3233

业务 13-4

表 2-43

北海 ——► 郑州　　北海　发售

632 次

2022 年 12 月 09 日 10:30 开　10 车 25 号

全价 360.00 元　　新空调硬座特快

限乘当日当次车

李红洋　4101031985＊＊＊＊3233

业务 13-5

表 2-44

河南统一财务收款收据

票据代码：4100010001
豫 财 综 IB〔2022〕

2022 年 12 月 15 日　　　　№083326

今收到 李红洋	
交　来 出差借支多余现金款	
人民币(大写) 壹仟壹佰叁拾元整　现金收讫　(小写)￥1 130.00	
说明	1. 本收据用于收费、基金以外的单位与单位之间，单位内部各部门之间及单位与个人之间发生的各种资金往来结算业务。 2. 本收据禁止用于收取行政事业性收费，政府性基金，否则按违反“收支两条线”予以处罚。

第三联　记账联

收款单位(章)：郑州大象食品有限公司 财务专用章　　开票人：张迪海　　收款人：张迪海

业务 14-1

表 2-45

中国工商银行
转账支票存根 (豫)

Ⅶ 00963424

附加信息：

出票日期：2022 年 12 月 16 日

收款人：河南通信郑州分公司	
金　额：￥1 176.39	
用　途：电话费	

单位主管：　　会计：赵中华

（印章：郑州大象食品……财务专……）

业务 14-2

表 2-46

中国网通河南通信公司专用发票

发 票 联

连交号：1 发票代码：410013030067

日期：2022年12月16日 话费周期：20221101 至 20221130

代表号码	708868		合同号	78002256			设备数量		3部	
付款人	郑州大象食品有限公司		十	万	千	百	十	元	角	分
实收金额	壹仟壹佰柒拾陆元叁角玖分			￥	1	1	7	6	3	9

项目	金额	项目	金额	项目	金额
市话月租	16.00	市话月租	16.00	市话月租	16.00
市话区内	63.55	市话区内	86.66	市话区内	60.00
市话区间	57.36	市话区间	120.00	市话区间	120.00
来电显示	5.00	来电显示	5.00	来电显示	5.00
冲预付	2.00	冲预付		冲预付	
国内长途	121.16	国内长途	386.66	国内长途	
预付款	0.93	预付款		预付款	

（印章：国网通河南通信公司 154268888666655 发票专用章）

销账流水：5000243002000123 收款单位：河南通信郑州分公司 收款人：502890

业务 15

表 2-47

中国工商银行电汇凭证(回单) 1

汇款人	全称	郑州大象食品有限公司	收款人	全称	广西民生植物油公司
汇款人	账号	03716610011	收款人	账号	7002118881
汇款人	汇出地点	工行郑州支行	收款人	汇入地点	商行北海支行
汇出行名称		河南 省 郑州 市/县	汇入行名称		广西 省 北海 市/县

金额	人民币(大写)	亿	千	百	十	万	千	百	十	元	角	分
	陆万柒仟捌佰陆拾元整				￥	6	7	8	6	0	0	0

工商银行郑州支行 2022-12-18 转讫 汇出行签章	支付密码******** 附加信息及用途：购货款 复核： 记账：

业务 16-1

表 2-48

河南增值税专用发票

№01619842

此联不作报销、扣税凭证使用

校验码 112264613631203　　　　开票日期：2022 年 12 月 19 日

购买方	名　　称：郑州阳光粮油店 纳税人识别号：037188833300012000 地 址 、电 话：郑州市工业路 300 号 开户行及账号：商行郑北支行 5800443688				密码区	（略）	
货物或应税劳务、服务名称	规格型号	单位	数量	单价	金额	税率	税额
面粉	标粉	吨	30	2860.00	85800.00	13%	11154.00
合计					￥85800.00		￥11154.00
价税合计（大写）	⊗玖万陆仟玖佰伍拾肆元整				（小写）￥96954.00		
销售方	名　　称：郑州大象食品有限公司 纳税人识别号：112233567890110110 地 址 、电 话：郑州市二七区花园路 110 号 开户行及账号：工行郑州支行 03716610011				备注		

收款人：张迪海　　复核：赵中华　　开票人：李　强　　销售方（章）：

第一联：记账联　销售方记账凭证

业务 16-2

表 2-49

产 品 出 库 单

2022 年 12 月 19 日

品　　名	计量单位	发出数量	备　注
面粉	吨	30	

仓库负责人：杨　兰　　发货人：江　山　　经办人：李红洋

业务 16-3

表 2-50

中国工商银行进账单(收账通知) 3

2022 年 12 月 19 日

出票人	全　　称	郑州阳光粮油店	收款人	全　　称	郑州大象食品有限公司
	账　　号	5800443688		账　　号	03716610011
	开户银行	商行郑北支行		开户银行	工行郑州支行

金额	人民币(大写)	亿	千	百	十	万	千	百	十	元	角	分
	玖万陆仟玖佰伍拾肆元整				¥	9	6	9	5	4	0	0

票据种类	支　票	票据张数	1
票据号码	00134567		

复核　　记账

商业银行郑北支行 2022-12-19 转讫

收款人开户银行签章

此联是收款人开户银行交给收款人的收账通知

业务 17

表 2-51

河南统一财务收款收据

票据代码：4100010223

豫 财 综 IB〔2022〕

2022 年 12 月 20 日

№08125002

今收到 孙天富

交　来 旷工罚款现金

人民币(大写) 壹佰贰拾元整　　现金收讫　　¥120.00

说明	1. 本收据用于收费，基金以外的单位与单位之间，单位内部各部门之间及单位与个人之间发生的各种资金往来结算业务。 2. 本收据禁止用于收取行政事业性收费，政府性基金，否则按违反“收支两条线”予以处罚。

收款单位(章)：　　开票人：张迪海　　收款人：张迪海

……百货超市发票专用章

第三联 记账联

业务 18-1

表 2-52

河南增值税专用发票

国家税务总局

河南省税务局

发票联

№01102100

校验码 112264613612546　　　　开票日期：2022 年 12 月 23 日

购买方	名　　称：郑州大象食品有限公司 纳税人识别号：112233567890110110 地 址、电 话：郑州市二七区花园路 110 号 开户行及账号：工行郑州支行 03716610011				密码区	（略）	
货物或应税劳务、服务名称	规格型号	单位	数量	单　价	金　额	税率	税　额
面粉	标粉	吨	50	2200.00	110000.00	13%	14300.00
合　　计					￥110000.00		￥14300.00
价税合计（大写）	⊗壹拾贰万肆仟叁佰元整				（小写）￥124300.00		
销售方	名　　称：郑州海天面粉有限公司 纳税人识别号：222000111400500000 地 址、电 话：郑州市邙山区项城路 20 号 开户行及账号：工行郑南支行 1002288009				备注	郑州海天面粉有限公司 222000111400500000 发票专用章	

收款人：　　　　复核：　　　　开票人：李　坤　　　　销售方（章）：

第三联：发票联　购买方记账凭证

业务 18-2

表 2-53

收　料　单

供应单位：销售部　　　　材料科目：　　　　编号：10431

发票号码：01102100　　　　2022 年 12 月 23 日　　　　材料类别：　　　　仓库：1 号

材料编号	材料名称	规格	计量单位	数量		实际成本（元）				
				应收	实收	单　价	金　额	运杂费	其他	合　计
10431	面粉	标粉	吨	50	50	2 200.00	110 000.00			110 000.00
合　计							￥110 000.00			￥110 000.00

仓库主管：杨　兰　验收：杨　兰　记账：赵中华　交料人：李红洋　制单：江　山　仓库（章）：

第三联　记账联

业务 19-1

表 2-54

领 料 单

2022 年 12 月 25 日

领料部门：车间　　用途：生产方便面　　凭证编号：08123223

材料编号	材料名称	规格	计量单位	数量 请领	数量 实发	单价(元)	金额(元)
10431	面粉	标粉	吨	25	25	2 200.00	55 000.00
							￥55 000.00
备注：						金额合计：55 000.00	

第三联 记账联

仓库主管：杨　兰　发料：江　山　记账：赵中华　领料人：孙天富　制单：江　山　仓库(章)：

业务 19-2

表 2-55

领 料 单

2022 年 12 月 25 日

领料部门：车间　　用途：生产龙须面　　凭证编号：08123224

材料编号	材料名称	规格	计量单位	数量 请领	数量 实发	单价(元)	金额(元)
10431	面粉	标粉	吨	20	20	2 200.00	44 000.00
							￥44 000.00
备注：						金额合计：	44 000.00

第三联 记账联

仓库主管：杨　兰　验收：江　山　记账：赵中华　交料人：孙天富　制单：江　山　仓库(章)：

业务 20-1

表 2-56

住房公积金汇(补)缴书

№0001368

2022 年 12 月 26 日　　付清册　张

收款单位	全称	郑州市住房公积金管理中心	缴款单位	全称	郑州大象食品有限公司
	公积金账号	410015587002452200		账号	03716610011
	开户银行	市建行市区支行		开户银行	工行郑州支行

单位公积金账号	年度	月份	百	十	万	千	百	十	元	角	分	备注：
2006354	2022	11			￥	5	6	0	0	0	0	

金额(人民币大写) 伍仟陆佰元整

上月汇缴 人数	上月汇缴 金额	本月增加汇缴 人数	本月增加汇缴 金额	本月减少汇缴 人数	本月减少汇缴 金额	本月汇缴 人数	本月汇缴 金额

中国工商银行郑州支行 2022-12-26 业务清讫 (06)

银行盖章

第一联 银行盖章后退缴款单位记账

业务 20-2

表 2-57

河南省社会保险费委托收款凭证（付款通知）　5　№00254685

特约

委托日期 2022 年 12 月 26 日　凭证号：Z2008063321556　代码：000003652

付款人	全称	郑州大象食品有限公司	收款人 全称	郑州市社会保险管理中心
	账号	03716610011	账号	170402050904007760
	开户行	工行郑州支行	开户银行	工行解放路支行
金额	人民币（大写）柒仟元整		千百十万千百十元角分	¥700000

款项内容	单位缴纳	个人缴纳	补缴	滞纳金	合计	付款人注意：
基本养老保险费	3 920.00	3 080.00			7 000.00	1. 上列款项已全部划给收款人。
基本医疗保险费						2. 该款项不得拒付，如需拒付，应按照有关规定，由付款人与收款人自行联系解决。
失业保险费						
工伤保险费						
女工生育保险费						
备注　单据类型：正常缴费						

（印章：中国工商银行解放路支行 2022-12-26 业务清讫 (06)；河南省社会保险费 ★ 结算专用章）

业务 21-1

表 2-58

固定资产转让单

固定资产编号：　　2022 年 12 月 26 日　　固定资产卡账号：3-001

固定资产名称	规格型号	单位	数量	预计使用年限（年）	原值（元）	已提折旧（元）	备注
畅想牌计算机		台	10	8	46 000.00		全新
固定资产状况及转让原因	外商捐赠						
处理意见	使用部门	技术鉴定小组	固定资产管理部门	主管部门审批			
			同意转让	同意转让			

制单：李　东

业务 21-2

表 2-59

中国工商银行 现金存款凭证

2022 年 12 月 26 日 豫 A04659555

存款人	全 称	郑州大象食品有限公司		
	账 号	03716610011	款项来源	外商捐赠
	开户行	工行郑州支行	交 款 人	张迪海
金额大写：贰拾伍万元整			（小写）¥250 000.00	

票面	张数	票面	张数	票面	张数	
100	2 500					经办：张迪海 复核：

业务 21-3

表 2-60

河南省统一财务收款收据

票据代码：4100010001
豫 财 综 IB〔2022〕
№5006456

2022 年 12 月 26 日

今收到 某外商

交 来 捐赠人民币现金

人民币（大写）贰拾伍万元整 现金收讫 （小写）¥250 000.00

（印章：郑州大象食品有限公司 财务专用章）

说明
1. 本收据用于收费，基金以外的单位与单位之间，单位内部各部门之间及单位与个人之间发生的各种资金往来结算业务。
2. 本收据禁止用于收取行政事业性收费，政府性基金，否则按违反“收支两条线”予以处罚。

第三联 记账联

收款单位（章）： 开票人：张迪海 收款人：张迪海

业务 22-1

表 2-61

河南行政事业单位非经营收入发票

发 票 联

客户名称：郑州大象食品有限公司 2022 年 12 月 26 日

项目	单位	数量	单价	十	万	千	百	十	元	角	分
捐款					3	0	0	0	0	0	0
合计人民币（大写）叁万元整				¥	3	0	0	0	0	0	0

②发票联

单位盖章： 开票人：赵亭 收款人：李玉

业务 22-2

表 2-62

中国工商银行
现金支票存根 （豫）

Ⅶ 00131202

附加信息：

出票日期：2022 年 12 月 26 日

收款人：	河南省希望工程基金会
金 额：	¥30 000.00
用 途：	灾区捐款

单位主管： 会计：赵中华

业务 23

表 2-63

中国工商银行电汇凭证(收款通知)

委托日期 2022 年 12 月 26 日　　　　豫 A01538796

<table>
<tr><td>银行打印</td><td colspan="7"></td></tr>
<tr><td rowspan="9">客户填写</td><td colspan="2">业务类型</td><td colspan="3">☑电汇 □信汇 □汇票申请书 □本票申请书 □其他</td><td>汇款方式</td><td>☑普通 □加急</td></tr>
<tr><td rowspan="4">委托人</td><td>全　　称</td><td>南阳大明贸易公司</td><td rowspan="4">收款人</td><td>全　　称</td><td colspan="2">郑州大象食品有限公司</td></tr>
<tr><td>账号或地址</td><td>3003366006</td><td>账号或地址</td><td colspan="2">03716610011</td></tr>
<tr><td>开户行名称</td><td>商行南阳分行</td><td>开户行名称</td><td colspan="2">工行郑州支行</td></tr>
<tr><td>开户行地址</td><td>河南省南阳市</td><td>开户行地址</td><td colspan="2">河南省郑州市</td></tr>
<tr><td colspan="5">金额(大写)人民币壹万陆仟捌佰肆拾捌元整</td><td colspan="2">亿 千 百 十 万 千 百 十 元 角 分
￥ 1 6 8 4 8 0 0</td></tr>
<tr><td colspan="2">支 付 密 码</td><td colspan="3"></td><td colspan="2" rowspan="4">付出行签章：</td></tr>
<tr><td colspan="2">加急汇款签字</td><td colspan="3"></td></tr>
<tr><td colspan="2">用　　途</td><td colspan="3">支付前欠购货款</td></tr>
<tr><td colspan="5">附加信息及用途：</td></tr>
</table>

商业银行南阳分行
2022-12-26
转讫

第三联 收款单位记账联

业务 24-1

表 2-64

中国工商银行
现金支票存根（豫）

Ⅶ 00131203

附加信息：

郑州大象食品……财务专……

出票日期：2022 年 12 月 26 日

收款人：	郑州海天面粉有限公司
金　额：	￥36 036.00
用　途：	前欠购货款

单位主管：　　会计：赵中华

郑州市环宇印刷厂印制

业务 24-2

表 2-65

收　　据

2022 年 12 月 26 日　　　　No017002

今收到郑州大象食品有限公司	
人民币（大写）叁万陆仟零叁拾陆元整	￥36 036.00
系付购货款	现金收讫

收款单位（章）：　　财务主管：赵　宽　　收款人：张大民

第三联　客户联

业务 25-1

表 2-66

河南增值税专用发票

No016782111

发票联

校验码 112264613631456　　　　开票日期：2022 年 12 月 27 日

购买方	名　　称：郑州大象食品有限公司 纳税人识别号：112233567890110110 地 址、电 话：郑州市二七区花园路 110 号 开户行及账号：工行郑州支行 03716610011	密码区	（略）

货物或应税劳务、服务名称	规格型号	单位	数量	单　价	金　额	税率	税　额
车床	2000 型	台	1	380000.00	380000.00	13%	49400.00
合　计					￥380000.00		￥49400.00
价税合计（大写）	⊗肆拾贰万玖仟肆佰元整				（小写）￥429400.00		

销售方	名　　称：上海市光明机床厂 纳税人识别号：114455522320000188 地 址、电 话：上海市南京路 10 号 开户行及账号：工行上海支行 1220011455	备注	上海市光明机床厂 114455522320000188 发票专用章

收款人：培中华　　复核：吕玉山　　开票人：培中华　　销售方（章）：

第三联：发票联　购买方记账凭证

业务 25-2

表 2-67

固定资产验收单

2022 年 12 月 27 日

名 称	规格型号	单 位	数 量	设备价款(元)	预计使用年限(年)	使用部门
车 床	2000 型	台	1	380 000.00	15	车间
备 注	新购买					

业务 25-3

表 2-68

中国工商银行电汇凭证(回单)

委托日期 2022 年 12 月 27 日 豫 A01538660

银行打印						
客户填写	业务类型	☑电汇 □信汇 □汇票申请书 □本票申请书 □其他			汇款方式	☑普通 □加急
	委托人 全 称	郑州大象食品有限公司		收款人 全 称	上海市光明机床厂	
	账号或地址	03716610011		账号或地址	1220011455	
	开户行名称	工行郑州支行		开户行名称	工行上海支行	
	开户行地址	河南省郑州市		开户行地址	省上海市	
	金额(大写) 人民币肆拾贰万玖仟肆佰元整			亿 千 百 十 万 千 百 十 元 角 分	¥ 4 2 9 4 0 0 0 0	
	支 付 密 码			付出行签章:		
	加急汇款签字					
	用 途	购车床款				
	附加信息及用途:					

工商银行郑州支行 2022-12-27 转讫

第一联 付款单位记账联

业务 26-1

表 2-69

郑州市行政事业性收费专用票据

2022 年 12 月 27 日　　　　No0575213

收费单位：郑州市邮政局　　　　收款人：王国平

交款单位	郑州大象食品有限公司	收费许可证号								备注
收费项目	收费标准	金额(元)								
		十	万	千	百	十	元	角	分	
报刊费	每月 600 元			7	2	0	0	0	0	
金额大写	人民币柒仟贰佰元整		¥	7	2	0	0	0	0	

业务 26-2

表 2-70

中国工商银行
转账支票　（豫）

Ⅶ 00963425

附加信息：

出票日期：2022 年 12 月 27 日

收款人：	郑州市邮政局
金　额：	¥7 200.00
用　途：	预订明年报刊款

单位主管：　　会计：赵中华

业务 27-1

表 2-71

现金清查盘点报告表

2022 年 12 月 27 日　　　　单位：元

账面余额	实存金额	清查结果		说明
		盘盈	盘亏	
		620		经调查原因不明

负责人处理意见：为现金长款，作营业外收入处理。

备注：

制表：张迪海

业务 27-2

表 2-72

现金长款处理意见

经查 2022 年 12 月 27 日盘盈现金 620 元，原因不明，暂作营业外收入处理。

公司负责人：张人杰

2022 年 12 月 27 日

业务 28

表 2-73

存货盘点盈亏报告表

2022 年 12 月 28 日　　　　金额单位：元

存货编号	名称	计量单位	数量		盘盈		盘亏		原因
			账存	实存	数量	金额	数量	金额	
10431	面粉	千克					150	330.00	责任心不强
20432	龙须面	箱					3	72.00	责任心不强
处理意见	清查小组			领导审批：损失由过失人赔偿 60%					
	已报批应登记入账。 签章：张人杰			签章：王楠　2022 年 12 月 28 日					

复核：王楠　　　　制单：杨兰

业务 29-1

表 2-74

门市部销售收入汇总表

2022 年 12 月 01～28 日　　　　金额单位：元

产品名称	单位	销售数量	含税售价	销售净收入	销项税额	备注
方便面	箱	300	40.00	10 619.47	1 380.53	附现金交款单 4 张
龙须面	箱	320	36.00	10 194.69	1 325.31	
合计				20 814.16	2 705.84	
总计人民币（大写）	贰万叁仟伍佰贰拾元整				（小写）¥ 23 520.00	

注：不含税销售额＝含税销售额÷(1＋增值税税率 13%)。

业务 29-2

表 2-75

中国工商银行 现金存款凭证

2022 年 12 月 08 日　　豫 A04659001

存款人	全称	郑州大象食品有限公司			
	账号	03716610011	款项来源	零售收入	
	开户行	工行郑州支行	交款人	马华	
金额大写：伍仟陆佰叁拾元整				（小写）￥5 630.00	

票面	张数	票面	张数	票面	张数	
100	50	10	60	5	6	经办：张迪海　复核：

业务 29-3

表 2-76

中国工商银行 现金存款凭证

2022 年 12 月 16 日　　豫 A04659220

存款人	全称	郑州大象食品有限公司			
	账号	03716610011	款项来源	零售收入	
	开户行	工行郑州支行	交款人	马华	
金额大写：壹万零贰拾元整				金额小写：￥10 020.00	

票面	张数	票面	张数	票面	张数	
100	60	50	80	10	2	经办：张迪海　复核：

业务 29-4

表 2-77

中国工商银行　现金存款凭证

2022 年 12 月 22 日　　豫 A04650012

存款人	全　称	郑州大象食品有限公司				
	账　号	03716610011		款项来源	零售收入	
	开户行	工行郑州支行		交 款 人	马　华	
金额大写：伍仟元整					金额小写：￥5 000.00	
票面	张数	票面	张数	票面	张数	
50	100					经办：张迪海　复核：

业务 29-5

表 2-78

中国工商银行　现金存款凭证

2022 年 12 月 28 日　　豫 A04659023

存款人	全　称	郑州大象食品有限公司				
	账　号	03716610011		款项来源	零售收入	
	开户行	工行郑州支行		交 款 人	马　华	
金额大写：贰仟捌佰柒拾元整					金额小写：￥2 870.00	
票面	张数	票面	张数	票面	张数	
100	20	10	80	5	14	经办：张迪海　复核：

业务 30-1

表 2-79

河南增值税专用发票

No01611456

国家税务总局 发票联 河南省税务局

校验码 112264613635125　　开票日期：2022 年 12 月 27 日

购买方	名称：郑州大象食品有限公司 纳税人识别号：112233567890110110 地址、电话：郑州市二七区花园路 110 号 开户行及账号：工行郑州支行 03716610011				密码区	（略）	
货物或应税劳务、服务名称	规格型号	单位	数量	单价	金额	税率	税额
电费	220 伏	度	38500	0.60	23100.00	13%	3003.00
合计					￥23100.00		￥3003.00
价税合计（大写）	⊗贰万陆仟壹佰零叁元整				（小写）￥26103.00		
销售方	名称：郑州市北郊电业局管理处 纳税人识别号：250013545646455111 地址、电话：郑州市花园区花园路 255 号 开户行及账号：工行花园支行 110-12456231				备注	郑州市北郊电业局管理处 250013545646455111 发票专用章	

收款人：王力　　复核：张四　　开票人：李谷音　　销售方（章）：

第三联：发票联 购买方记账凭证

业务 30-2

表 2-80

河南增值税专用发票

No016155468

国家税务总局 发票联 河南省税务局

校验码 112264613637566　　开票日期：2022 年 12 月 27 日

购买方	名称：郑州大象食品有限公司 纳税人识别号：112233567890110110 地址、电话：郑州市二七区花园路 110 号 开户行及账号：工行郑州支行 03716610011				密码区	（略）	
货物或应税劳务、服务名称	规格型号	单位	数量	单价	金额	税率	税额
水费	Ⅲ	吨	9800	3.56	34888.00	9%	3139.92
合计					￥34888.00		￥3139.92
价税合计（大写）	⊗叁万捌仟零贰拾柒元玖角贰分				（小写）￥38027.92		
销售方	名称：郑州市路砦水厂 纳税人识别号：312012002341125222 地址、电话：郑州市农业路 321 号 开户行及账号：建行郑州分行 4112058795				备注	郑州市路砦水厂 312012002341125222 发票专用章	

收款人：何营　　复核：周南　　开票人：李里　　销售方（章）：

第三联：发票联 购买方记账凭证

业务 30-3

表 2-81

中国工商银行
转账支票存根 （豫）

Ⅶ 00963426

郑州大象食品 ★ 财务专

附加信息：

出票日期：2022 年 12 月 27 日

收款人：	郑州市北郊电业局管理处
金　额：	￥26 103.00
用　途：	12 月份电费

单位主管：　　会计：赵中华

郑州市环宇印刷厂印制

业务 30-4

表 2-82

中国工商银行
转账支票存根 （豫）

Ⅶ 00963427

郑州大象食品 ★ 财务专

附加信息：

出票日期：2022 年 12 月 27 日

收款人：	郑州市路砦水厂
金　额：	￥38 027.92
用　途：	12 月份水费

单位主管：　　会计：赵中华

业务 30-5

表 2-83

外购水电费分配表

2022 年 12 月 27 日　　单位:元

使用部门	水费	电费	金额	备　注
车　间	20 932.80	13 860.00	34 792.80	
销售部门	3 488.80	2 310.00	5 798.80	
其　他	10 466.40	6 930.00	17 396.40	
总　计	34 888.00	23 100.00	57 988.00	

业务 31

表 2-84

预付账款分配表

2022 年 12 月 27 日　　金额单位：元

项　目	待摊费用	摊余价值	本月摊销		部　门
			比　例	金　额	
报刊费	7 200.00	600.00	1/12	600.00	厂　部

业务 32-1

表 2-85

河南增值税专用发票

№016782513

此联不作报销、扣税凭证使用

校验码 112264613631456　　　　开票日期：2022 年 12 月 29 日

购买方	名称：郑州阳光粮油店 纳税人识别号：037188833300012000 地址、电话：郑州市工业路 300 号 开户行及账号：商行郑北支行 5800443688					密码区	（略）
货物或应税劳务、服务名称	规格型号	单位	数量	单价	金额	税率	税额
方便面	1×24	箱	1000	38.00	38000.00	13%	4940.00
合　计					￥38000.00		￥4940.00
价税合计(大写)	⊗肆万贰仟玖佰肆拾元整				（小写）￥42940.00		
销售方	名称：郑州大象食品有限公司 纳税人识别号：112233567890110110 地址、电话：郑州市二七区花园路 110 号 开户行及账号：工行郑州支行 03716610011					备注	

收款人：张迪海　　复核：赵中华　　开票人：张迪海　　销售方(章)：

第一联：记账联　销售方记账凭证

业务 32-2

表 2-86

产 品 出 库 单

2022 年 12 月 29 日

品　名	计量单位	发出数量	备　注
方便面	箱	1 000	

仓库负责人：杨　兰　　发货人：江　山　　经办人：李红洋

业务 32-3

表 2-87

中国工商银行进账单(收账通知) 3

2022 年 12 月 29 日

出票人	全称	郑州阳光粮油店	收款人	全称	郑州大象食品有限公司
	账号	5800443688		账号	03716610011
	开户银行	商行郑北支行		开户银行	工行郑州支行
金额	人民币(大写)肆万贰仟玖佰肆拾元整			亿千百十万千百十元角分	¥4294000
票据种类	支票	票据张数	1		
票据号码	00132211				
复核 记账				收款人开户银行盖章	

商业银行郑北支行 2022-12-29 收讫

此联是收款人开户银行交给收款人的收账通知

业务 33

表 2-88

中国工商银行计收利息清单(支款通知)

2022 年 12 月 30 日

户名	郑州大象食品有限公司			账号 03716610011	
计息起止时间	2022 年 11 月 25 日至 2022 年 12 月 25 日			备注	
贷款种类流动资金	贷款账号	计息日贷款余额	计息积数	年利率	计收利息金额
	011001233	500 000. 00	10 000. 00	12%	5 000. 00
人民币(大写)壹万伍仟元整				十万千百十元角分	¥1500000

工商银行郑州支行 2022-12-30 转讫

单位主管：吴 豪　会计：周明仁　复核：杨 戈　记账：周明仁

业务 34

表 2-89

工资结算汇总表

2022 年 12 月　　　　金额单位:元

职工类别	计时工资	计件工资	奖金	津贴补贴	加班加点	应付工资	代垫款	代扣款			实发工资
							水电费	住房公积金(10%)	社会保险费(11%)	个人所得税	
生产方便面工人		8 200	1 650	120	350	10 320					
生产龙须面工人		6 800	1 450	116	217	8 583					
车间管理人员	2 752		300	126	98	3 276					
企业管理人员	4 455		586	270	122	5 433					
销售人员	2 887		264	192		3 343					
合　计	10 094	15 000	4 250	824	787	30 955					

业务 35

表 2-90

职工福利费开支表

2022 年 12 月　　　　单位:元

职工类别	应提福利费
生产方便面工人	1 444.80
生产龙须面工人	1 201.62
车间管理人员	458.64
企业管理人员	760.62
销售人员	468.02
合　计	4 333.70

业务 36

表 2-91

工会经费及职工教育经费计算表

2022 年 12 月　　　　金额单位：元

计提基数	工会经费		职工教育经费	
	计提比例	计提金额	计提比例	计提金额
	2%		1.5%	

业务 37

表 2-92

河南统一财务收款收据

票据代码：4100010001
豫财综　IB〔2022〕

2022 年 12 月 31 日　　　　№5006225

今收到　郑州大象食品有限公司

交　来　退还包装物押金

人民币(大写)陆佰元整　　　现金收讫　　(小写)￥600.00

说明：
1. 本收据用于收费，基金以外的单位与单位之间，单位内部各部门之间及单位与个人之间发生的各种资金往来结算业务。
2. 本收据禁止用于收取行政事业性收费，政府性基金，否则按违反"收支两条线"予以处罚。

第三联　客户联

(印章：□□阳光粮□□ 财务专用章)

收款单位(章)：　　开票人：楚　菲　　收款人：楚　菲

业务 38

表 2-93

固定资产折旧额计算表

2022 年 12 月　　　　单位：元

部门	原值	月折旧额
车间	738 304.00	5 030.47
厂部	1 107 456.00	6 148.35
合计	1 845 760.00	11 178.82

业务 39

表 2-94

无形资产摊销额计算表

2022 年 12 月　　　　金额单位：元

项　　目	原　值	使用年限(年)	本期计提	部　　门
无形资产	300 000.00	10	2 500.00	厂　　部

业务 40

表 2-95

制造费用分配表

2022 年 12 月　　　　金额单位：元

项　　目		工人工资	制造费用	
			分配率	分配金额
车　间	方便面	10 320.00		
	龙须面	8 583.00		
合　　计		18 903.00		

会计主管：王大力　　　　复核：王大力　　　　制单：赵中华

业务 41-1

表 2-96

产品成本计算单

金额单位：元

产品名称：方便面　　　　2022 年 12 月 31 日　　　　产量：箱

成本项目	期初在产品成本	本月发生费用	生产费用合计	完工产品总成本	单位成本	期末在产品成本
直接材料	0					
直接人工	0					
制造费用	0					
合　　计						

会计主管：王大力　　　　审核：赵中华　　　　制表：赵中华

业务 41-2

表 2-97

产品成本计算单

金额单位：元

产品名称：龙须面　　2022 年 12 月 31 日　　产量：箱

成本项目	期初在产品成本	本月发生费用	生产费用合计	完工产品总成本	单位成本	期末在产品成本
直接材料	0					
直接人工	0					
制造费用	0					
合　计						

会计主管：王大力　　审核：赵中华　　制表：赵中华

业务 41-3

表 2-98

产成品入库单

2022 年 12 月 31 日　　金额单位：元

产品名称	计量单位	数　量	单位成本	总成本
方便面	箱	10 000		
龙须面	箱	5 000		
合　计				

会计主管：王大力　　审核：赵中华　　制表：赵中华

业务 42-1

表 2-99

销售产品成本计提表

2022 年 12 月 31 日　　金额单位：元

产品名称	销售数量(箱)	单位成本	销售总成本
方便面	12 300.00	28.80	
龙须面	5 320.00	24.00	
合　计			

会计主管：王大力　　审核：赵中华　　制表：赵中华

业务 42-2

表 2-100

销售产品成本计提表

2022 年 12 月 31 日 金额单位：元

产品名称	销售数量(吨)	单位成本	销售总成本
面　粉	30	2 200.00	
合　计			

会计主管：王大力 审核：赵中华 制表：赵中华

业务 43

表 2-101

应交增值税计算表

2022 年 12 月 31 日 金额单位：元

应税项目	营业收入	增值税税率	当期销项税额	当期进项税额	进项税额转出	当期应纳增值税额
1	2	3	4=2×3	5	6	7=4－5+6
营业额	722 614.16	13%		82 678.44		

制表：赵中华 复核：王大力

业务 44-1

表 2-102

应交教育费附加计算表

2022 年 12 月 31 日 金额单位：元

应费项目	计费金额	税　率	本月应交数
增值税额			
合　计			

制表：赵中华 复核：王大力

业务 44-2

表 2-103

应交城市维护建设税计算表

2022 年 12 月 31 日　　　　金额单位：元

应税项目	计税金额	税　　率	本月应交数
增值税额			
合　　计			

制表：赵中华　　　　复核：王大力

业务 45

科目汇总表请同学们自制。

业务 46

表 2-104

利润计算表

2022 年 12 月 31 日　　　　单位：元

收　　入		支　　出	
账　　户	本月发生额	账　　户	本月发生额
主营业务收入		主营业务成本	
其他业务收入		税金及附加	
投资收益		其他业务成本	
营业外收入		管理费用	
		销售费用	
		财务费用	
		营业外支出	

制表：赵中华　　　　复核：王大力

业务 47

表 2-105

所得税计算表

2022 年 12 月 31 日　　　　金额单位：元

项　　　目	金　　额	备　　注
会计利润		
减：不计入应纳税所得额的收益		
国库券利息收益		
分得税后利润收益		
加：不应抵减应纳税所得额支出		
罚没支出		
赞助支出		
超计税工资支出		
超标准业务招待费		
应纳税所得额		
适用税率		
应纳所得税		

制表：赵中华　　　　复核：王大力

业务 48

表 2-106

提取盈余公积计算表

2022 年 12 月 31 日　　　　金额单位：元

项　　目	计提依据		提取比例	全年应提金额
	项　　目	金　　额		
盈余公积	税后利润			

制表：赵中华　　　　审核：王大力

业务 49

表 2-107

分 配 利 润 表

2022 年 12 月 31 日　　金额单位：元

可供分配利润	项　目	分　配　率	应 分 配 额
合　计			

会计主管：赵中华　　审核：王大力　　制表：赵中华

（三）科目汇总表

空白的科目汇总表见表 2-108。

（四）试算平衡表

空白的结账前和结账后的试算平衡表见表 2-109 和表 2-110。

（五）会计报表

空白的资产负债表和利润表见表 2-111 和表 2-112。

表 2-108

科 目 汇 总 表

记账凭证（　　）号至（　　）号　　年　月　日　　科汇字（　　）号

会　计　科　目	借　方　金　额	贷　方　金　额
合　计		

会计主管：　　记账：　　审核：　　制表：

表 2-109

试算平衡表(结账前)

年 月 日 单位：元

账户名称	期初余额		本期发生额		期末余额	
	借 方	贷 方	借 方	贷 方	借 方	贷 方

表 2-110

试算平衡表(结账后)

年 月 日 单位：元

账户名称	借方余额	账户名称	贷方余额

表 2-111

资 产 负 债 表

会企 01 表

编制单位：　　　　　　　　　　　　　　　　年　　月　　日　　　　　　　　　　　单位：元

资　　产	期末余额	上年年末余额	负债和所有者权益（或股东权益）	期末余额	上年年末余额
流动资产：			流动负债：		
货币资金			短期借款		
交易性金融资产			交易性金融负债		
衍生金融资产			衍生金融负债		
应收票据			应付票据		
应收账款			应付账款		
应收款项融资			预收款项		
预付款项			合同负债		
其他应收款			应付职工薪酬		
存　货			应交税费		
合同资产			其他应付款		
持有待售资产			持有待售负债		
一年内到期的非流动资产			一年内到期的非流动负债		
其他流动资产			其他流动负债		
流动资产合计			流动负债合计		
非流动资产：			非流动负债：		
债权投资			长期借款		
其他债权投资			应付债券		
长期应收款			其中：优先股		
长期股权投资			永续债		
其他权益工具投资			租赁负债		
其他非流动金融资产			长期应付款		
投资性房地产			预计负债		
固定资产			递延收益		
在建工程			递延所得税负债		
生产性生物资产			其他非流动负债		
油气资产			非流动负债合计		
使用权资产			负债合计		
无形资产			所有者权益（或股东权益）：		
开发支出			实收资本（或股本）		
商誉			其他权益工具		
长期待摊费用			其中：优先股		
递延所得税资产			永续债		
其他非流动资产			资本公积		
非流动资产合计			减：库存股		
			专项储备		
			其他综合收益		
			盈余公积		
			未分配利润		
			所有者权益（或股东权益）合计		
资产总计			负债和所有者权益（或股东权益）总计		

表 2-112

利　润　表

会企 02 表

编制单位：　　　　　　　　　　________年________月　　　　　　　　　　单位：元

项　　　　目	本期金额	上期金额
一、营业收入		
减：营业成本		
税金及附加		
销售费用		
管理费用		
研发费用		
财务费用		
其中：利息费用		
利息收入		
加：其他收益		
投资收益(损失以“－”号填列)		
其中：对联营企业和合营企业的投资收益		
以摊余成本计量的金融资产终止确认收益(损失以“－”号填列)		
净敞口套期收益(损失以“－”号填列)		
公允价值变动收益(损失以“－”号填列)		
信用减值损失(损失以“－”号填列)		
资产减值损失(损失以“－”号填列)		
资产处置收益(损失以“－”号填列)		
二、营业利润(亏损以“－”号填列)		
加：营业外收入		
减：营业外支出		
三、利润总额(亏损总额以“－”号填列)		
减：所得税费用		
四、净利润(净亏损以“－”号填列)		
(一) 持续经营净利润(净亏损以“－”号填列)		
(二) 终止经营净利润(净亏损以“－”号填列)		
五、其他综合收益的税后净额		
(一) 不能重分类进损益的其他综合收益		
1. 重新计量设定受益计划变动额		
2. 权益法下不能转损益的其他综合收益		
3. 其他权益工具投资公允价值变动		
4. 企业自身信用风险公允价值变动		
……		
(二) 将重分类进损益的其他综合收益		
1. 权益法下可转损益的其他综合收益		
2. 其他债权投资公允价值变动		
3. 金融资产重分类计入其他综合收益的金额		
4. 其他债权投资信用减值准备		
5. 现金流量套期储备		
6. 外币财务报表折算差额		
……		
六、综合收益总额		
七、每股收益：		
(一) 基本每股收益		
(二) 稀释每股收益		

5-1 模块二参考答案

5-2《会计档案管理办法》

参 考 文 献

[1] 中华人民共和国财政部. 企业会计准则(2019 年版)[M]. 上海:立信会计出版社,2019.

[2] 中华人民共和国财政部. 企业会计准则(合订本)[M]. 北京:经济科学出版社,2019.

[3] 刘雪清. 企业会计模拟实训教程[M]. 大连:东北财经大学出版社,2019.

[4] 王满亭. 基础会计模拟实训教程[M]. 北京:电子工业出版社,2016.